Weihnacht

Winacht

Ewald Eden

Bibliografische Information der Deutschen Nationalbibliothek
Die Deutsche Nationalbibliothek verzeichnet diese Publikation in der Deutschen
Nationalbibliografie; detaillierte bibliografische Daten sind im Internet über
http//dnb.dnb.de abrufbar.

Texte
Ewald Eden
Bilder
Gafrise & Kensise

Herstellung & Verlag
BoD - Books on Demand, Norderstedt

2015

ISBN: 9783741290503

Weihnachten

einmal so –

und ok moal anners

Winachten

Das Weihnachtsfest steht vor der Tür

Plätzchen backen in der Küche -
ganz viele Muttis mühen sich,
durchs Haus ziehen die Wohlgerüche -
die Kekse werden Stich um Stich.

Ringsumher die Kinder wuseln -
mit Teig im Mund und im Gesicht,
die Papas überkommt ein gruseln -
sie fliehen ihrer Vaterpflicht.

Im Bierlokal am Brauergarten
da finden sie sich alle ein -
sie kloppen dort vergnügt die Karten,
und lassen Weihnacht Weihnacht sein.

Der Weihnachtsmann er hört sie lachen -
er riecht des Bieres leck'ren Schaum.
Sagt - was soll der Arme machen?
Er erfüllt sich einen Jugendtraum.

Er hockt sich zu den fröhlich' Zechern -
bestellt für alle gleich ein Bier,
und bleibt bei ihnen um zu bechern -
bis in der Frühe kurz vor vier.

Sein Rentier bringt ihn dann beschickert
sicher heim ins Weihnachtsland -
am Morgen wird ihm dann verklickert,
daß kein Kind auf Erden Geschenke fand.

Die Väter haben nichts zu lachen,
als sie aus ihrem Rausch auftauchen -
die Mamas lassen die Ruten krachen,
und vieler Papas Köpfe rauchen.

So dass sie alle auf die Schnelle
des Weihnachtsmannes Job verrichten -
und überall, an seiner Stelle,
all die guten Gaben schichten.

Sie haben Weihnachten gerettet,
es ist noch mal davongekommen -
obwohl Knecht Ruprecht schon gewettet,
das Fest wär auf immer fortgeschwommen.

****

Weihnachtsmarkt mit Glühweintrinken -
selbst Knecht Ruprecht kommt dazu,
bei Zimtröllchen und Parmaschinken
denkt er, hier genießt du deine Pausenruh.
Doch wird es nichts mit Festbesinnung,
weil Rummel rummelt immerfort -
ihn schreckt der Menschen Kaufrauschstimmung,
drum flieht er diesem lauten Ort.
Er läßt die Leute in den Fängen
seelenloser Umsatzjäger -
da können sie dann flatternd hängen,
bis endlich kommt der Straßenfeger.
Ist alles dann zusammengekehrt -
der Feste Tage sind vorüber,
dann säuft man völlig unbeschwert
sich blau ins neue Jahr hinüber.

****

Es ist so geschehen …

Vor Zeiten in des Krieges Geschehen,
die Welt lag in Trümmern und Scherben -
haben Menschen irgendwo ein Wunder gesehen,
inmitten von Tod und Verderben.
Ein Knabe wollte ans Licht dieser Erde,
er knuffte und boxte -
für die Mutter war es gar nicht mehr schön -
nun gut sprach man, dann soll es gescheh'n.
Hilfreiche Hände, sie hoben ihn
ganz zart aus der Wiege des Leben
und weil es die Zeit war -
und weil er so schön -
man ihn in die Krippe gegeben.
Die heiligen Schwestern in ihren Trachten
ihn an die Lager der Elenden brachten.
Ein Strahlen fiel auf der Leidend' Gesichter,
es brannten wohl unzählig' Himmelslichter.
Vergessen die Not, vergessen das Darben -
alles versank in den herrlichsten Farben.
Ein Chor der Engel sang von neuem Beginn,
es tönte von Glaube und Frieden -
die Angst in den Herzen schmolz einfach dahin,
es war wieder Hoffnung hienieden.

****

Weihnacht ...

Geheimnisvoll knistert das Eis auf dem See,
Irrlichter tanzen im Schatten der Bäume.
Verschlafen murmelt der Bach unterm Schnee -
der Mond träumt seine Winternachtsträume.

Die Dächer der Häuser mit Glitzer beladen,
aus den Kaminen da stieben die Funken -
auf den nächtlichen Waldespfaden
tollen sich Elfen – vor Freude fast trunken.

In den Stuben und Kammern herinnen
knistern die Scheite im rötlichen Brand,
die Menschen sich wohl auf das Leben besinnen -
und ergreifen des Allmächtigen Hand.

Er hält sie und führt sie und leitet sie sacht,
durch weglose Öde und finstere Nacht -
und weil er sich ihrer angenommen,
ist in jedes Haus der Heiland gekommen.

****

Den Weihnachtsmann verpasst ...

Mit Raureif an Mützenrändern und Krägelchen waren die Kinder zur Vesperzeit ins Haus gestoben. Sonst mußte die Mama auch schon mal öfter rufen, bevor die Rangen sich bequemten, draussen ihre Spiele abzubrechen. Heute am Heiligabend war alles ganz anders. Der Weihnachtsmann hatte nämlich vor einer Viertelstunde sein Vorläuten hören lassen. Das tat er immer, wenn er auf seinem Schlitten mit dem Schimmel davor durch das Himmelstor das Weihnachtsland verließ und in die Wolkenstrasse einbog. Karla, Marie und Klaus-Günther hatten es gar nicht gehört. Sie sausten nämlich gerade auf ihren Hosenböden den Abhang am Ende des Gartens hinunter. Bloß klein Christa, die sich aus Angst um ihr neues Mäntelchen nicht getraut hatte den anderen hinterher zu rutschen, die hatte das feine Läuten von Tanne zu Tanne und von Ast zu Ast springen hören. Nun hieß es aber schnell nach Hause rennen – sonst wären sie nicht zur Stelle, wenn der Weihnachtsmann mit seinem Schlitten auf dem Dach des Hauses landete, um die Geschenke in der Stube unter den Weihnachtsbaum zu legen.
Karla, Marie und klein Christa hatten den Weihnachtsmann nämlich noch nie zu sehen bekommen. Bloß Klaus-Günther, der wußte schon wie der Weihnachtsmann aussah – na ja, so ungefähr wenigstens. Er hatte ihn nämlich vor zwei Jahren einmal von weitem gesehen, als er bei den Nachbarn ums Haus

herumstapfte. Und im letzten Jahr – letztes Jahr da hatte er die Mama mit dem Weihnachtsmann in der Kammer sprechen gehört. Er wäre zu gerne in der Stube dabeigewesen. Doch durch den Schlitz unter der Türe konnte er gerade nur die Stiefelfüße sehen. Der Weihnachtsmann hatte genau so große Füße wie der Großvater.

Dieses Jahr wollten sie den Weihnachtsmann nun endlich alle sehen. Und darum mußten sie sich auch beeilen, um ins Haus zu kommen.

Sie konnten gar nicht schnell genug ihre Pelzmäntelchen und die Stiefelchen ausziehen. Als ein einziger großer Wuselhaufen lagen die Sachen in der Diele durcheinander.

Man konnte die vielen Mützen und Mäntel, Schals und Fäustlinge, Jacken und Stiefel nicht auseinander halten. Oma hatte fast einen Dahlschlag bekommen, als sie mit dem Tablett voller Kuchen und Kaffee und Kakao aus der Küche gekommen und beinahe über den Berg Anziehsachen gestolpert war. Blitzblau elektrisch und geladen wie ein Donnerwetter enterte sie die große Stube.

Sie schluckte das große Bullerballern, das schon in ihrem Mund im Kreis herumlief, aber ganz schnell wieder hinunter, als sie sah, wie artig die Rasselbande, im Halbkreis auf dem Fußboden, um Opas Lehnstuhl herumsaß.

Wie gebannt hingen die Kinder mit allen Sinnen an Großvaters Lippen, obwohl er noch gar nichts gesagt

hatte. Wie still würde es in der Stube erst sein, wenn er anfing seine Geschichten zu erzählen.
Umständlich und in aller Ruhe stopfte er seine lange Pfeife. Ein Indianerhäuptling hatte sie ihm auf einem Landgang im wilden Westen geschenkt, weil er ihm seinen Hexenschuß vertrieben hatte. Sie war so lang – der aus dunkelrotem Holz geschnitzte Pfeifenkopf stand zwischen seinen großen Lederpantinen auf dem Steinfußboden vor dem runden Kamin. In dem gewaltigen Feuerloch der Brandstätte wirbelten die Flammen mit hellen Zungen und mit lautem Knistern und Knacken um die trockenen Scheite herum.
Als er mit seinem breiten Daumen geprüft hatte, ob der Tabak im Pfeifenkopf auch fest genug gestopft war, zog er einen langen Kienspan aus dem Holzkorb in der Ecke, ließ ihn im Kaminfeuer entflammen und zündete anschließend damit seine Pfeife an.
Ein paar mal zog er kräftig an dem langen Rohr, bis daß der Tabak im Pfeifenkopf hellrot glühte und eine dichte Rauchwolke seinen Kopf einhüllte.
Die vier Rangen, da vor ihm auf dem Fußboden, die konnten sein Gesicht mit dem weißen Rauschebart bald gar nicht mehr erkennen, als seine tiefe Stimme zweimal ein brummelndes „So, so" erklingen ließ. Es konnte auch ein „Hoho" gewesen sein – es war nicht so genau zu verstehen.
Der Großvater erzählte gerne von den langen Reisen mit seinem Segelschiff, der Santa Luca. Er war nämlich sein Leben lang als Kapitän über alle sieben Meere geschippert. Bloß das Himmelsmeer – das

hatte er noch nicht befahren. Aber das würde er eines Tages auch noch zu sehen bekommen, sagte er immer. Diesmal nahm er Karla, Marie, Klaus-Günther und klein Christa mit auf eine Reise nach Grönland. Die Reise hatte er nämlich auch zufällig zur Weihnachtszeit gemacht. Grönland liegt am Rand der Arktis. Das ist ganz dicht am Nordpol, an dem der Weihnachtsmann meistens seine Sommerferien verbringt.

Damals hatte er den Weihnachtsmann gerettet – der Schlitten des Weihnachtsmannes war doch tatsächlich bei einer Zwischenlandung auf einem Gletscher vor Grönland im Eis festgefroren. Wenn Opa mit der Santa Luca nicht zufällig genau zu der Zeit daran vorbei gesegelt wäre, dann wären die Eskimokinder auf Grönland in dem Jahr in der Christnacht alle ohne Geschenke geblieben.

Für diese Rettungstat hatte der König der Eskimos Opa einen ganz großen Orden aus Walfischzähnen verliehen. Den verwahrte der Großvater in einer eisenbeschlagenen Kiste seiner Werkstatt auf einem eisblauen Samtkissen. Diesen Orden wollten Karla, Marie, Klaus-Günther und klein Christa natürlich sofort sehen, und stapften hinter dem Großvater her in die große Scheune hinter der Hinterküche. Tja – und als sie nach einer geraumen Weile von der Besichtigungstour in die Stube zurückkehrten, da lagen ihre Geschenke schon alle fein säuberlich unter dem Weihnachtsbaum verteilt.

Inzwischen war nämlich der Weihnachtsmann zur Bescherung dagewesen ... und sie, sie hatten ihn wieder nicht zu Gesicht bekommen.

Im nächsten Jahr – im nächsten Jahr, da würde es aber ganz bestimmt klappen. Das schworen sie sich gegenseitig, bevor sie sich mit Hallo über die Geschenke hermachten.

****

Des Weihnachtsmannes Weihnachtsfreuden

Mal ehrlich – habt ihr euch nicht auch schon mal Gedanken darüber gemacht, was der Weihnachtsmann so treibt, wenn nicht Weihnachten ist? Wenn man so darüber nachdenkt – so gut hat es doch sonst eigentlich niemand. Nur eine Nacht muß er richtig ranklotzen, und hat dann wieder ein ganzes Jahr Urlaub. So gut haben es ja nicht einmal die Lehrer mit den vielen Ferien. Sicher haben einige von euch bereits mit dem Gedanken gespielt, später selber Weihnachtsmann werden zu wollen. Stellt euch das aber nur nicht so einfach vor. Ich habe nämlich versucht mich für euch schlau zu machen, und habe den Weihnachtsmann ein Jahr lang begleitet. Das war eine Strapaze kann ich euch sagen. Da war nix mit Urlaub. Nie, nie wieder wünsche ich mir Weihnachtsmann zu werden. Euch kann ich auch nur dringend raten, diesen Berufswunsch für immer zu vergessen. Der Weihnachtsmann hat mir da voll

zugestimmt, als ich ihm das zum Abschied sagte. Er wäre nach den Erfahrungen, die er in seinem langen Berufsleben gesammelt hat, jetzt auch lieber Briefträger – weil, die kriegen jetzt ja wenigstens einen Mindestlohn - oder Lokomotivführer mit eigenem Tarifvertrag. Noch lieber wäre er allerdings Wähler, dann könnte er bei den Wahlen den Politikern mit der Rute einmal so richtig den Hintern versohlen. Das wäre echt was für ihn. Das hat er mir unter dem Siegel der Verschiegenheit gesagt. Ihr sagt es doch auch ganz bestimmt nicht weiter, oder?
Leider kann er sich diesen Wunsch aber nicht mehr erfüllen, denn einmal Weihnachtsmann sein, das heißt für immer Weihnachtsmann sein.
Für mich war das Jahr als Weihnachtsmannbegleiter jedenfalls kein Zuckerschlecken. Was man als Weihnachtsmann nämlich alles aus dem Effeff können muß – ihr könnt es euch nicht ausmalen! Allein die 193 verschiedenen Sprachen lernen, die für diesen Beruf von der Christnachthandelskammer vorgeschrieben sind, das dauert schon mindestens viele Jahre – wenn nicht noch länger. Und stellt euch einmal vor, ihr müsstet euer ganzes Leben lang immer in derselben Uniform rumlaufen ... dazu noch mit dicken Pelzstiefeln an den Füssen und einer schweren Zipfelmütze auf dem Kopf. Nix wäre dann mit Autofahren, oder mit dem Flugzeug mal schnell irgendwohin düsen. Von hier nach da und rund um die Erde darf ein Weihnachtsmann nämlich nur seinen Rentier-

schlitten mit den Kufen aus Walroßrippen benutzen. Ich habe es ein Jahr lang mitgemacht
Richtig beduselt wird man auf dem Kutschbock, wenn Rudi das Rentier mal wieder etwas Falsches gefuttert hat und seine Blähungen sich nach hinten blähen. Ihr wisst ja selber wie das ist, wenn jemand von euren Freunden mal ganz viel Schaumzuckergummiteilchen genascht hat.
Ihr könnt dann einfach weggehen, wenn er anfängt zu pupsen und stinkern – der Weihnachtsmann muß aber in dem Duft auf dem Kutschbock sitzen bleiben. Sonst käme Rudi Rednose vielleicht mit dem Schlitten vom Wege ab, und die Geschenke für die Weihnachtsbescherungen würden irgendwo im Himmelsniemandsland landen, anstatt bei den Kindern auf der Erde unterm Christbaum. Das wäre dann doch für alle ein trauriges Weihnachtsfest. Zum Schluß – als wir schon richtige dicke Freunde geworden waren – da hat der Weihnachtsmann mir noch ein Leid geklagt: Das Laufen von Weihnachtsmarkt zu Weihnachtsmarkt fällt ihm von Jahr zu Jahr schwerer. Durch die vielen, vielen Kilometer laufen, und dabei auch noch den schweren Geschenkesack tragen, werden seine Füße immer platter.
Schuhgröße 75 hat der Stiefelschuster letztens schon bei ihm gemessen.
Sagt – möchtet ihr jetzt immer noch Weihnachtsmann werden?

Ich kann euch nur raten, schreibt auf euren nächsten Wunschzettel ganz dick unterstrichen den Wunsch, niemals Weihnachtsmann werden zu wollen.
Diesen Wunsch wird der Weihnachtsmann euch ganz bestimmt erfüllen.

****

Eine schöne Bescherung

Im großen Wolkenschloss in der Himmelreichgasse 11 ging es seit Wochen drunter und drüber. Anfang September hatte der Postbote schon die ersten Weihnachtswunschzettel abgeliefert. Zuerst war es täglich nur eine Posttasche voll. Zuletzt schleppte er jeden Tag fünf große Leinensäcke an, deren Inhalt dann in der Eingangshalle reihenweise bunte Waschkörbe füllte, bevor das Christkind sorgfältig prüfte, ob auch alles seine Ordnung hatte. Wenn der Absender das Jahr über einigermaßen artig gewesen, und der Wunsch nicht zu groß geraten war, dann stempelte es mit einem großen goldenen Siegel seine Zustimmung auf den Wunschzettel und reichte ihn an den Weihnachtsmann weiter. Der hatte mit seinen vielen fleißigen Helfern in den letzten Wochen unheimlich viel zu tun, um alles auf die Reihe zu bekommen. Nun aber war es fast geschafft. Überall auf der Erde hatten die Kinder an diesem Morgen das letzte Türchen des Adventskalenders geöffnet. Es war endlich Heiligabend.

Der Küchenengel hatte dem Weihnachtsmann zur Morgenvesper gerade eine Tasse heiße Schokolade in die Werkstatt gebracht. Seit vier Uhr in der Frühe bastelte der schon an Geschenken für die in letzter Minute eingetroffenen Wünsche herum, die Knecht Ruprecht anschließend noch alle irgendwie auf dem Schlitten verstauen mußte. Eine Eilreparatur war ihm am Morgen auch noch dazwischen gekommen. Dem Teddy Brummelbär mußte er ein neues Auge einreparieren. Dem Teddy war nämlich ein Glubscher herausgefallen, als er zum Frühstück in der Speisekammer des Schlosses zu lange Bärenstielaugen nach dem Honigtopf gemacht hatte. Und mit einem Auge konnte man den Teddy doch nicht bei dem Mädchen in dem großen Krankenhaus abliefern. Es lag schon so lange in seinem weißen Bettchen in der Klinik, und hatte sich einen Teddy – so wie es früher schon einmal einen hatte - gewünscht, um nicht mehr so allein zu sein. Rita war nämlich blind, und der Teddy sollte ihr alles erzählen was er sah. Darum mußte er unbedingt zwei Augen haben.

Ein Viertelstündchen mußte der Weihnachtsmann sich nun aber wirklich verpusten, sonst würde er am Abend auf seiner Reise von Gabentisch zu Gabentisch auf dem Kutschbock des Schlittens noch einschlafen.

Der Gute war ja schließlich nicht mehr der Jüngste. Er wußte selber gar nicht mehr, wie alt er eigentlich schon war. Die ganze Welt würde furchtbar durcheinander geraten, wenn er nicht rechtzeitig zur Bescherung zur Stelle war. Stellt euch einmal vor, es ist Heiligabend, und es gibt für euch keine Bescherung, weil der Weihnachtsmann irgendwo zwischen Wolke sieben und eurem Haus mit seinem Schlitten auf einem Rastplatz Rast macht, um sich dort auszuschlafen. Das wäre doch nun wirklich keine schöne Bescherung.

Auf jeden Fall ging es da oben in den letzten Stunden, vor der Abfahrt mit dem Rentierschlitten, ganz schön rund. So mancher Schweißtropfen aus den Gesichtern der vielen Helfer sammelte sich noch in den Wolken unter ihnen. Gott sei Dank – denn wo sollte sonst der Schnee für die Fahrt mit dem Schlitten durch die Christnacht auch herkommen. Rudi das Rentier hatte, auch wenn es tüchtig schneite, an dem vollgepackten Schlitten schon schwer genug zu ziehen.

Die Himmelsmannschaft schaffte es aber wie jedes Jahr, Knecht Ruprecht und seinen Chef rechtzeitig genug auf die Reise zu schicken - auch wenn der Weihnachtsmann sich zum Schluß in aller Eile mühsam in seine Dienstkleidung zwängen mußte. Er hatte nämlich in den letzten Wochen ein wenig viel zugenommen, weil er zu oft von dem leckeren Weihnachtsgebäck genascht hatte. Seinen roten Mantel konnte er ja noch soeben über seinem dicken Bauch zuknöpfen, aber bei seiner Hose da kriegte er den Reißverschluss einfach nicht mehr hochgezogen. Was sollte er also machen? Die Hose vom Himmelsschneider weitermachen lassen? DAS ging nicht mehr – der hatte nämlich am Mittag schon Feierabend gemacht, weil seine Finger vom vielen Puppenkleider nähen ganz durchgescheuert waren – und Zeit für den Weihnachtsmann, um ein paar Pfündchen abzunehmen war schon mal gar nicht mehr drin. So blieb er an diesem Weihnachten wohl oder übel bei jedem Halt an einem Gabentisch auf dem Kutschbock sitzen, weil ihm sonst die Hose runtergerutscht wäre, und ließ seinen Knecht die Geschenke vor die Türen der Häuser legen. Vielleicht habt ihr es bemerkt, und euch gewundert, den Weihnachtsmann letztes Jahr nicht gesehen zu haben. Einige von euch können aber auch recht froh darüber sein, denn kein kleiner Bösewicht bekam dadurch die Rute auf seinem Hintern zu spüren. Verlasst euch aber nicht zu sehr darauf, daß es dieses Jahr wieder so sein wird. So ein Missgeschick passiert dem Weihnachtsmann nämlich ganz bestimmt nicht ein zweites Mal.

****

Aal sünd s' tofrää . . .

Wat rükkt dat moi in d' Winachsköäk
noa Griebenschmoalt un broaden Goos -
de rode Kool mit Appelröäk
steit tägen de bruune Sooß.
Moder hett all gleunich Bakken,
see schufft de Potten hen un her -
hett achter sükk so stuuv to pakken
dat Fatt mit de geele Botterschmeer.
In d' Bakkschkapp is dat good an schmurgeln,

de Vöägel kricht een kröstern Huut -
Voader deit mit Doornkoat gurgeln,
in d' Piep schmöökt he een grääsich Kruut.
De Kinner sünd an d' Pott utschlikken,
de Deech haangt an hör Zukkermuul -
de Hund de is to best up Stükken,
he rööäkelt sükk in d' Sofakuul.
Wat givt dat Moiers as so'n Winacht
wor jedeneen vöör Bliedheit good -
wenn denn ok noch so'n spierke Glükk lacht,
denn hest doch glieks wäär neeän Moot.

****

As dat so is . . .

Endlich – vanoabend is dat sowiet -
Harm hett all in d' Huus rinkääken.
Ohgott – wat is he dorüm blied,
man – ween dat för gräsich Wääken.
Nu har he bold de Schwien vergääten -
he givt noch gau de Runkeln rin,
dormit de Deerten wat to frääten,
denn steit noa Fieroabend hüm de Sinn.
De Winachsboom moot he noch setten -
dat Cloaskostüm haangt noch in d' Schkapp,
Moder moot dat eers noch plätten,
so kruus kricht he dat nich up Trapp.
De Kinner sünd in d' Stuuv an jachtern,
see köänt dat nich ovtööven -

neeschierich luustern see noa achtern,
ov dat ok woahr is, wat see glööven.
Harm is noch flink in d' Balli wäst -
de Koostallröäk kunn hüm verroaden,
nu geit dat los – dat Winachsfest,
mit Schenken un mit Oantenbroaden.
He givt sükk Meeu as Winachsmann –
verdreit sien Schnakk
un proot as rüsterk Iisen.
Sien Deern de kikkt tomoal heel makk -
see foat hüm an sien Büngel an
un sächt: Papa – ikk will di moal wat wiesen

****

Bald ist er da,

der Tag der Geschenke -
die Kaufwut hat viele Kassen gefüllt.
In des Heiligen Abends Senke
die Wirtschaft zum letzten Gefechte brüllt.

Aus den Börsen der Käufer wird rausgeholt,
was sich nur rausholen lässt -
wer nichts kaufen kann,
der fühlt seinen Arsch versohlt
und hat ein bescheidenes Fest.

In den Kirchen da wird des Geschehens gedacht;
da irgendwo ganz weit im Gestern -
und dann wird auch wohl ein Faß aufgemacht,
für die Penner und für die anderen Armen.
Beschwipst ist nämlich viel leichter zu lästern -
weil, man selbst friert ja nicht,
man sitzt ja im Warmen.

Nach Weihnachten stellt man dann wiedermal fest -
die meisten Geschenke sind Krempel,
die man vom Sperrmüll dann abholen lässt.
Sonst sieht's in der Wohnung bald aus wie bei
Hempel.

Bold is d' sowiet . . .

Winachsoabend – hillich Nacht;
de Engels fleegen man so sacht;
man sücht – kikkt man rechttieds to'n Hääven;
dat Jesuskind sien heeled Lääven:
De leev Gott hett all'ns to Papier,
wat wi so doan hevvt – dor un hier.
Dat givt he nu de Winachsmann -
de kikkt sükk dat mit Schmüstern an,
moakt ov un an moal dulle Oogen,
as kann he neet so recht an globen
wat he dor allens lääsen deit -
dor brukt he woll de Rut' ut Reit.
Nu luurt wi dat de Nacht anbrekkt

un he us wat in d' Sakkje stekkt,
un dat de Engels us bewoahrt
vöör Winachsmann sien Rutenfoahrt.

Dat Geschenk

Up de anner Kant van de Schlüüs leech sied Julimoand een Schkipp.
Eens Middachs, as Harm van de School koamen wee, dor har he dat ton eersten Moal sehn. Mörgens noa d' School hen stunn'n dor blossich de beiden Duukdalben. Un nu hör he tomoal Musik - nää - keen Trummeln un Trompeten. Heel fien klung dat över dat Woater - dat streek över de blenkernden Wellen, so as in Mörgenrüschen de Stoom över dat fuchtige Land trekkt. De Moorkanoal mit sien schwartet Kabbelwoater leech nich mehr so noakend in d' Land.
Net, as wenn hüm well een fienen sieden Ümhang överschmääten har
Elker Mörgen un ok Middach hööch Harm sükk. Wenn he de Muskant hör, denn wuß he - glieks kreech he dat Boot to sehn - dat wee noch dor. Noa veertein Doach har he sükk denn trood, Dach üm Dach son bietji nörder an dat Boot vörbi to goahn. Up eenmoal hett he sükk een Haart pakkt un „Moin" sächt - un kiek - de Minsch, de boaben up dat Kajütdakk seet, un so moie Musik mook, de nääm siene Mundörgel andoahl, un sää mit een ganz deepe Stiäm: Moin, mien Jung.

Dat wee d' denn ok eers. He sett wäär sien Puustmusik an - un Harm de hör hüm to. Dat har he stünn'nslang doon kunnt, wenn he nich noa Huus to muß. Hen to Schwien ovmärsen un to Deerten futtern. Sieddem he mit Moder alleen wee, muß he näämich een Deel van de Aarbeit in Huus doon. Dat nütz niks - see mussen joa lääven.
So een Mundörgel - de har he ok woll geern hat. Een poarmoal har he de all up sien Winachszäädel schrääven - dat Geld in Moders Knippke har nie nich laangt dorför.
Letzd Winachen hett he dat all gannich mehr künnichmoakt, he wuß joa, wo dat in Moders Geldbüdel utseech. Vöörmörgens har he de Speelmann up sien Schkipp noch towenkt - wat har de hüm noaroopen? Adschüß Harm? Harm har dat nich so recht verstoahn kunnt - de Wind leep dwarß doartäägenan.
Vermiddach dor wuß he dat. Dat Schkipp wee wäch. Twee Troanen blenkerten in siene Oogen. De Musik wee wäch - de sieden Ümhang van de Moorkanoal wee wäch - ober wat wee dat? Boaben up de Tünzelpoahl, dor leech de blanke, lüütji Mundörgel.
Dor ünner leech een Zädel, doarup wee mit Bleepenn schrääven:
För Harm - mien dankboarsten Tohörer.
Ok wenn wi man eers Oktober harn - för Harm wee vandoach dat moiste Winachen in sien Lääven.

****

Dat Geschenk

Is di dat ok so grieselich,
so komisch krüüz un quer -
ikk glöv dat kummt ganz säkerlich
van Winachen all her.

Man sücht dat all een heelen Tied
van Dach to Dach mehr blinken -
een heel lütt Sett - denn is sowiet,
Winachsmann de deit di winken.

Du sülvst weets woll üm dien Geschichten,
un hoapst dat nich aal schräven steit
in Sünnerkloas sien Stroafberichten,
wenn d' denn an d' verdeelen geit.

Bit d' sowiet is mutts d' dormit lääven,
dat du nich weets wat man di lett -
kanns blods hoapen dat in Hääven
een is de ok moal wat vergätt.

Wenn d' Hillich Nacht denn wääsen is
kanns wäär heel blied utkieken -
häst spöört dat di de hillich Christ
bedoacht hett as siens glieken.

De Engelstied ...

De Tied dreef elker Dach flinker up Winachen doal – un elker Dach wuur Kristin dat Haart schwöörder. Solaang de beid Deerns dör d' Huus jachterden, muß see Bliedheit wiesen – man, wenneer Heike un Rita över de Goodenachtgeschicht, de see de Wichters jeder Oabend vöörlääsen de - inschloapen ween, denn full de Bliedheit van hör ov – as so een Ümhang, de de Störm wächweiht hett. Sied hunnerd Doach keem hör schnaas dat Huus as dod vöör – sied hunnerd Doagen wee een Lokk in hör Haart.

Dirk har sükk mörgens up de Padd moakt – jeder van siene dree Wichters – so as he dat jümmers sää – kreech een Sööten – un denn bit vanoabend.

De Oabend wull he mit Kristin un hör Öllern fiern. Sien Moder har wat ut hör Spoardöös hoalt, de see in de achterste Ekk van d' Köäkenschapp stoahn har. In d' Firmoa wee he een Trapp hooger stäägen. Elker Moand wüür nu een bäten mehr Geld in d' Knipke sitten – denn kunn'n see för de Maidjes ov un to moal een lütt Stükkji buten de Riich koopen. Bi d' Huusboon vöör fief Joahr ween see van een Bankminsch näämich düchdich menguleert worden.

Sieddem rekk dat Geld man jüüst för dat Minnste. Dat wee man good, dat de Kinner noch nich noa d' School mussen. So bruksen see tominnst noch nich ünner de fäälend Teekens up hör Kleedoasch to lieden. Tja – un disse Dach is ni nich Oabend worden. Middachs – in sien Äätenstied – wull Dirk gau noa d' Spoarkass, wiel de hör Luchträäken nich inlööst har – un up disse Padd is he denn blääven. Een duunen Keerl – de achter d' Stüür van een Krüdelkoar seet, de nich toloaten un nich versääkert wee – de hett hum denn dodfoaren.

Sieddem is sien Schloapstää buten an d' Dörpskant – up de ole Kaarkhoff. Kristin kann de duusend Trää dorhen all in d' Schloap loopen. De beid Deerns hevvt noch heel nich begrääpen, dat hör Voader ni nich wäär noa Huus kummt.

See tööven stilkens, dat de Dör oapenflücht, un Papa hör in siene Aarms näämt.

Nümms wull denn för dat Mallöör instoan. Keen Versääkerung fööl sükk tostännich – un een Waarkunfall wee dat ok nich, sää man hör. Wiel – Dirk wee joa privoat up Böschkup.

Letzd Nachten dröömt Kristin – dröömt see wüggelk? Dirk is bi hör, un sächt engoal, see schall sükk keen Sörch moaken – un man blods bit Winachen tööven.

Bit Winachen tööven – bit Winachen tööven – see weet all so, wo Winachen van d' Joahr utsücht. Hör is dat sowat van schietengoal – dat Winachsfest – nu wor Dirk dor nich mehr is. Oaber wo schall see de Wichters dat verkloaren, dat ünner een Winachsboom oan Luchten niks an Geschenken licht?

Mit drööch Oogen schnükkert see nachtens vöör sükk hen – sogoar de Troanen sünd hör verlüstich goan. Dirks Moder is över dat Geböörn dat Denken dörnanner loopen. Dat wee för mi ok woll dat beste – denkt Kristin foaken. Wenner see denn de beid

Wichters dör d' Huus drieven hört, schkoamt see sükk för de Gedankens.

As see een Dach vöör Hillichoabend van d' Kaarkhoff trüchkummt, dor sünd de beid Kinner in d' Stuuv luuthals an lachen un trällern – dat hett see van hör Deerns nu all laang nich mehr so hört.

Mama, wir haben einen Engel gesehn – Mama – wir haben einen Engel gesehn – flücht hör tomööt, as see de Dör oapenmoakt. Wat schall Kristin dorup antern? Tüünkroam denkt see blods, dat givt gannskeen Engels. Oaber dat mach see hör Deerns nu wüggelk nich särgen. Schöält de man noch een Tiedlang dor an glööven. See geit in de Stuuv, un schkalt de Billerkist ut. Wo laang kann ikk dat woll noch in dit Huus doon, schütt hör dör de Kopp. De tokoamen Nacht dröömt see nich van Dirk – de tokoamen Nacht schlöppt see so fast as een Boar. Dat is dat eerste Moal, siet hunnerd Nachten dat see dörschlöppt.

De Hillichoabend is anbroaken – de Kinner sünd noch gannich to Been.

De Klokk in d' Köäken wiest man jüüst aacht – dor moakt all een grooden Frachtwoagen för d' Huus hollstopp, Twee utwussen Mannslüü pukkeln een poar Minüten loater een Gewaltstrumm van Kist de Huuspadd hoch.

De schöält wi hier övgääven – dat is dat eenzige, wat see van de Kerls to hörn kricht – un denn sünd de Beiden ok allwäär wäch. Kristin troot sükk eers gannich an dat Bakkbeest van Kist ran – oaber denn

hoalt see Kniiptaang un Hoamer ut Dirk sien Waarktüüchkist un ritt dat Deert oapen.
Hör Noam un hör Adress steit joa up de Plakkzäädel an de böäverst Kant. Van dat, wat hör denn tomööt kummt, van dat kricht see hör Bekk gannich wäär to. De Kist is vullpakkt mit Äteree – mit Tüüchs för de Deerns un för hör sülvst – un mit Speelkroam van de fienste Oart. In een dikken Papptut sünd Papiern mit een büld Stempels un Ünnerschriften in. See kricht ut de Schrievens to weeten, dat de heele Schkülden bi de Bank betoalt sünd – un teinduusend Mark in groode Schiens sünd ok noch in de Tuut.
Un buten up de Ümschlach steit in häntich Bookstoavens – netso as Dirk de jümmers schrääven hett – „Een goodet Winachen för jo Dree".
Un nu säch noch een, dat dat keen Engels givt.

De Speegel ...

Hillichoabend steit in d' Land – dat is de darte Hillige Oabend noa de Weltenbrand. Gretmarie steit vör de blengerige Speegel. He haangt in de lüütji Koamer, de sied duusend Doagen hör to Huus is. Sied de Nacht, as een iistern Dod ut de Wulken fall'n - un mirdenmang hör Öllernhuus utnanner floagen is. As see mörgens van hör Woaken in d' Feldlazarett noa Huus koamen is, dor wee dor keen Huus mehr – dor wee eenzich een schwaartet, deepet Lokk, ut de glimmerig'n Rook - as Düwelsoahm'n - rutweih.

Moder, Voader, veer Süsters un särß Broers – see weesen eenfach wäch - niks hett man van de twalf Minschen funn'n - niks wat man up d' Kaarkhoff har bedieken kunnt. Eenzich de blengerige Speegel hevvt de Noabers in een Appelboom funn'n.
Wo laang see all vöör de Speegel steit, dat weet see gannich. Hör Denken is nich bi hör – nich up disse Stää - hör Denken löpt in de Dach herüm, an de Marten mit de Speegel ankoamen is - as een Geschenk för sien Gretmarie. Sied een Joahr leepen see domoals all tosoamen. Wiers - see kennden sükk all ut de Schooltied - oaber Haart un Haart hett eers Joahren loater tosoamen funn'n, as see sükk irgendwons anners tomööt koamen sünd. De Tied wee noar - jüüst dat de Minschen wat to bieten harn - un foaken wee ok dat man minn genooch. Gretmarie wee dat söäbente van elben Kinners - hör Voader, de wee Hüürmann bi d' Buur - un Marten, as de Öllste van särß lütt Schoosterjungens, de muß sien Voader bi d' Schoostern helpen. In hör beid Öllernhüüs keek doarüm de Nod foaker mit schmachtich Oogen mehr rut as rin. Dor wee keen Bott in de Hüüs för Schnikkschnakk un Tüünkroam.
Bi Gretmarie in d' Huus geev dat blossich een lütten Speegel, de wee van achtern all so spoakich - dor kunn man sükk mehr in oahn'n as in sehn. Ähm bevöör see freen wullen, wee Marten denn mit de neeä Speegel ankoamen – wiel, sien Bruut de schull doch sehn, wo moi see leet, wenn de Hochtiedsdach dor wee. Dorför har he de Nachten säten, un för een

31

rieken Buur een poar Stävels schoostert. Dat Läär
föör de Stäävels, dat har de Buur bistüürt. De
Ossenhuut de wee so knoakenhaart - een poarmoal har
Marten sükk de Füüsten doran upräten. Oaber dat
mook hüm niks, dat wee joa för sien Gretmarie. See
meent, de Blodspütters an de holten Roahm nu noch
lüchten to sehn. In een moien Sömmernacht harn see
sükk denn oahn Wöär versproaken - to Winachen
schull dat sowiet weesen. Un denn har dor een Uul
säten.
1939 stunn in d' Kalenner - un jüüst dat de August-
moand de Tied sien Nakk todreit har, dor wee Kreech
in d' Land. Marten hett ganz vöörn - bi de eersten
Suldoaten - Polen to sehn kräägen. Mit de Hoch-
tiedsfier wullen de beiden denn tööven, bit wäär Frää
in d' Land wee. In een poar Wääken – so sää man
elker Dach in d' Roadio - geev dat wäär bunte
Blöömen. De bunten Blöömen sünd nich an d' Dach
koamen - un een Kreechsjoahr gung över d' anner
hen. Een Winachen gung över d' anner hen –
dreemoal is Marten an Winachen to Visit wäst - in dat
lütji Huus achter d' Diek - dreemoal hett see vöör een
poar Stünn'ns sien warmet Lääven spöärt - dreemoal
hett see denn beevert, ov see wat Lütts kreech. Un
denn keem dor niks mehr, as blossich een Breef, wor
denn instunn „vermisst". See hett hüm vermißt -
sünners an de Mörgen, as see alleen vöör dat deepe,
schwaarte Lokk stunn - un see vermißt hüm jümmers
noch – hör Marten, hör eerste, hör groode Leevde.

Aacht Joahr wee see vandoach all sien Froo - wenn de Kreech nich dortüschen koamen wee.

See kann tomoal niks mehr sehn, wiel dat Woater hör in de Oogen schütt, un twee soalterk Spoaren up hör Wangen teekend. Luut schnakkt see mit hör Herrgott - see is nich düll up hüm, blods - see kann d' noch jümmers nich begriepen wat he so deit ov doon lett.

In hör binnerwendich Truur hett see nich mitkrägen, dat sükk achter hör de Koamerdör bewääch hett. Twee Mannslüü sünd heel saacht in de Stuuv trääden – so saacht, as wenn Engels dör d' Hääven striken. Een dorvan is de griese Paster Wübbenhorst - de anner is Marten - hör Marten. Gretmarie meent dat see dröömt – see gript noa hüm - see stroakelt sien hoager Gesiächt - un see spöärt, dat he läävt ... he läävt ... he läävt.

As een billerhaftigen Winachsboom stoaht de beiden vöör de blengerige Speegel. Nu kann man doch noch sehn, wo moi Gretmarie as Bruut utsücht.

Dat Füür un dat Lüchten - dat hett de ole Paster Wübbenhorst dorbi doahn - he hett dat Versprääken van vöör nägen Joahr in Gretmaries lütji Koamer in een Sakrament pakkt – he hett de beiden up d' Stää troot. Kiek - un dat Lääven, dat in disse Hillichnacht in Gretmaries Liev inplannt worden is - dat kieken de beiden vandoach noch as hör Christkind an.

De tweede Winachsdach ...

Dat is de tweede Winachsdachmörgen. De Klokk in d' Köäken schleit jüüst veer Ühr. Glieks kummt de Tankwoagen all, denkt Hinnerk. Ikk will man sinnich upstoahn, un mi anplünnern, denn kann ikk mit Cloas noch een Word schnakken, un villicht ok noch een Zigaar schmöken.
Cloas knoid up d' Mulkeree, un moot dit Joahr över de Fierdoagen de Melkwoagen foahren.
De heele Nacht hett Hinnerk nich recht schloapen kunnt, hier up dat neemodsch Deert van Kanapee, dat Riekje hüm güstern Oabend as Schloapstää föör de Nacht trechtmoakt har.
„In d' Schloapkoamer kummst Du mi vernacht nich rin. Dat is joa rein nich uttoholln mit di", har see richtich kroad to hüm sächt – un har hüm dorbi so füünsch ankeeken, as Noabers Koater woll keek, wenn hüm een van de Bullkalwer moal up d' Steert poast har.
Dorbi har he Güstern und Eergüstern doch blods good bi d' Äten tolaangt. De Kromeree wee oaber ok to lekker west. Tovörderst har he jo een bäten maal ut sien gröönen Stalljakk luurt, as Riekje hüm verklokfidelt har, dat hör Schweegerdochter dit Joahr dat Winachsäten för see aal mitnanner trechtmook. See as Moder schull sükk eenmoal üm niks sörgen mooten.
Na, dat schall woll wat gääven. Denn moot ikk an Wihnachen säker schmachten, har Harm so bi sükk dorcht. Ov man in de Hüdelbargen – dor wor de

Deern herkeem, överhaupts koaken kunn? Un wenn, denn wuß man joa jümmers noch nich, ov een as Minschke dat ok äten kunn. Dat wee näämich dat eerste Moal, dat de Schweegerdochter Winachen bi hör Schweegeröllern in Huus wee. Diederk, sien Jung, de har dat Wichtje eers vöör aacht Wääk - dor ünnern, irgendwons in dat Bajuwarenland - hieroat. „Mei Zenzi is a fesches barisches Madel, ihr werds scho säägn" har he sächt, as he sien Öllern Bescheed doan har, dat he van dat Alleenlääven de Schnuut vull har.

Hinnerk wee dat all jümmers suur upstödt, dat sien Jung, noa dree Joahr van to Huus wäch, all netso kareert kauln de, as de Gamsbartfleuters dor ünnern in dat Moagerbeerland. Un nu har he sükk ok noch een Deern van de „Sakrateifi Särgers" utkeeken.

Dit Denken wee nu oaber heel un dall wäch. Dat leech bültenhoch ünner dat goode Äten bediekt, dat de Schweegerdochter güstern Middach up de Disch brocht har, un wee nu dor so sinnich an verrötten.

Oaber as dat in d' Natur so is. Wenn irgendwat vergeit, denn kummt dor ok Gas bi an de Dach. Un dat har nu jüüst dorto föört, dat he vernacht up d' Kanapee schloapen mußt har.

Wat schull dat eers vanoabend gääven, wenn sien beid Noabers to Visit keemen. Sien Schweegerdochter wuß oaber ok dor Roat: „Gell Schwiegerpappa – wofür hamma denn dös Raumsprei?" sää see, un hull een gröönen blikkern Döös in d' Lücht. Dat wee ok jüüst noch mit Dannennoadelröäk. „Dös passt doch guat zum Christfest, gell?" Dormit har see denn dat Huus

van d' Böän bit in d' Keller inpüstert. Wat schasst to so een fixen Schweegerdochter noch särgen?
De Oabend wee nu dor, un mit hüm ok de beid Schoatfrünnen. De dree Mannslüü trukken sükk mit een hoagelneäd Blattje, dree Buddels Genever, un twee Kisten Beer, in de Jachtstuuv, as Hinnerk sien Geweihkoamer nöömt har, trüch. Hinnerk sien Pans quäl hüm binnerwendich noch düchdich, un ov un to leet he moal heel sinnich een rieten. He de denn furs luut jedetmoal Prost särgen. Sien Koartenkumpels mussen dat Mallör joa nich ok noch hörn. See harn sükk näämich all wunnerd, dat hör Schoatbröer so biersich up de Genever ut wee.
Noa een Stünn'n, ov so, leet hüm dat oaber keen Ruh mehr. He wull nu doch weeten, wat sien Noabers van de moie buntklörige Röäk in d' Huus hullen.
Bevöör Frerk, sien Noaber up de rechter Kant, wat up Cloas sien Froach antern kunn, sää Jann all van d' linker Siet her heel bedächtich: „Weets wat Hinnerk, ikk bün all stoadich an d' schnüstern – oaber ikk kann mi nich helpen. Dat rüükt hier nettegroad so, as wenn een buten in d' Dannenbusch schääten hett."

De Winachsklokken...

Höörst du de Winachsklokken lüüden?
See kling'n so fien as dröögen Schnee,
dat kummt - man hööört see heel van wieden -
kroat wiet wäch noch - över See.

De Schkeepen de noch buten sünd,
de seilen flink in d' Hoaben -
de Herrgott givt hör gooden Wind,
dreit mennich Stüür van boaben.

An Hillichoabend sünds aal in Huus,
hollt de Kinner un de Fro in d' Aarm -
is buten ok woll Stöörmgebruus,
ünner d' Reitdakk is d' moi waarm.

In d' hukich Stuuv an d' Gävelmüür
steit de Winachsboom in d' Hörn -
de Keersen sünd dat eenzich Füür
up d' Jesuskind sien Törn.

Wenn d' Engels dör de Koamer glieden -
man spöört de Flöägels strieken,
denn brukt man heel niks Stures lieden -
in disse Nacht dor mutt dat wieken.

Der Spiegel ...

Heiligabend steht im Land. Es ist der dritte Heiligabend nach dem großen Weltenbrand.
Gretmarie steht vor dem blanken Spiegel, der über der Waschschüssel in der kleinen Kammer hängt, die seit tausend Tagen ihr Zuhause ist.
Es ist ihr Zuhause seit der Nacht, in der ein eiserner Tod aus den Wolken gefallen ist - und inmitten ihres Elternhauses seinen Verderben bringenden Grüßen freien Lauf ließ.
Als sie morgens vom Wachdienst im Feldlazarett heim kam, da gab es für sie kein Zuhause mehr. Sie fand einzig ein schwarzes, tiefes Loch, aus dem glimmernder Rauch wie Teufelsatem wehte.
Mutter, Vater, vier Schwestern, sechs Brüder – sie waren einfach weg. Nichts hat man von den zwölf Menschen gefunden - nichts, was man auf dem Kirchhof hätte zur letzten Ruhe betten können.
Bloß der Spiegel, vor dem sie jetzt steht, der hing unversehrt in einem Apfelbaum. Den hatten die Nachbarn gefunden. Wie lange sie schon so vor dem blanken Glas steht weiß sie nicht.
Ihr Denken ist nicht bei ihr - nicht an dieser Stelle. Ihr Denken läuft in dem Tag herum, als Marten mit dem Spiegel ankam, als ein Geschenk für seine Gretmarie.
Seit einem Jahr gingen sie damals schon zusammen. Gewiß - sie kannten sich schon aus der Schulzeit -

aber Herz und Herz haben erst Jahre später zusammen gefunden, als sie sich irgendwo zufällig wieder begegneten.

Die Zeit war schwer - gerade, daß man zu essen hatte - und das war häufig auch noch wenig genug. Gretmarie war das siebente von elf Kindern - ihr Vater war einfacher Lohnarbeiter beim Bauern.

Marten, als der älteste von sechs kleinen Schusterjungen, mußte Tag für Tag seinem Vater beim Flickschustern helfen. Aus ihren beiden Elternhäusern schaute die Not mit hungrigen Augen häufiger heraus, als der funzelige Lichtschimmer der trüben Öllampe in den Abendstunden.

Sie hatten keinen Platz und kein Geld für Schnickschnack, und neumodischen Kram.

In Gretmaries Familie gab es nur einen kleinen Spiegel – und der war schon so spakig - man konnte sich mehr in ihm ahnen, denn dass man sich sehen konnte.

Kurz bevor sie in der kleinen Deichkirche heiraten wollten, überraschte Marten sie mit dem Spiegel – weil, seine Braut sollte doch sehen wie schön sie war, wenn der Hochzeitstag anbrach.

Für diesen Spiegel hatte er Nächte gesessen und für einen reichen Bauern ein paar Stiefel geschustert. Das Leder hatte der Bauer dazu beigesteuert. Die Ochsenhaut war so knochenhart - ein paar Mal hatte Marten sich die Fäuste daran aufgerissen. Aber er ertrug es geduldig, denn es war ja für seine Gretmarie.

Sie glaubt, im schummerigen Halbdunkel der Kammer noch die Blutstropfen an dem rauchigen Rahmenholz leuchten zu sehen.
Ihre Gedanken gehen weiter zurück. In einer lauen Sommernacht hatten sie sich ohne viele Worte versprochen - zu Weihnachten sollte es denn soweit sein.
Und dann hatte jemand die Welt verdreht, weil er meinte Herrgott spielen zu können. 1939 stand im Kalender. Der Augustmonat hatte der Zeit gerade den Rücken zugekehrt, da war Krieg im Land.
Marten hat ganz vorne - mit bei den ersten Soldaten - Polen zu sehen bekommen.
Mit der Hochzeitsfeier wollten die beiden deswegen warten, bis wieder Frieden im Land eingekehrt war.
In ein paar Wochen - so hörten es die Menschen jeden Tag im Radio – in ein paar Wochen würde es wieder bunte Blumen regnen.
Die bunten Blumen kamen nicht an den Tag - und ein Jahr ging über das andere dahin.
Ein Weihnachten ging über das andere dahin. Dreimal ist Marten in den Jahren an Weihnachten zu Hause gewesen. Jedesmal waren es nur ein paar kurze Stunden in dem kleinen Haus am Siel - ein paar Stunden Herzklopfen in den Armen seiner Gretmarie.
Heimaturlaub stand jedes Mal großspurig in seinem Marschbefehl.
Dreimal hat Gretmarie für ein paar Stunden sein warmes Leben gespürt – dreimal hatte sie danach gebangt, in Hoffnung zu sein.

Und dann kam da nichts mehr von der Front, als bloß ein Stück amtlichen Papiers. Es war ordnungsgemäß versehen mit Reichsadler und Hakenkreuz unter der schwungvollen Unterschrift - so wie es sich gehörte.
Ein paar hohle Worte standen darüber - von deren Inhalt sie nur eines begriff: Vermißt! Und Gretmarie hat ihren Marten vermißt – sie hat ihn besonders an dem Morgen vermißt, als sie allein vor dem tiefen, schwarzen Loch stand, und nur noch glimmerigen Rauch aufsteigen sah.
Marten - ihre erste, ihre große Liebe. Acht Jahre wäre sie heute schon seine Frau - wenn nicht irgendjemand hätte Gott spielen wollen.
Sie kann plötzlich nichts mehr sehen - weil das Wasser ihr in die Augen schießt und zwei salzige Spuren auf ihre Wangen zeichnet.
Laut spricht sie ein Gebet. Sie ist nicht wütend auf ihren Herrgott, sie erträgt ja alles geduldig - bloß das alles zu begreifen, was er so zulässt in der Welt - das hat er ihr noch nicht gelehrt.
In ihrer inwendigen Trauer hat sie nicht mitbekommen, daß hinter ihr die Tür geöffnet wurde. Zwei Mannsbilder sind leise in die Kammer eingetreten – gerade so sachte, als wenn Engel durch den Himmel fliegen.
Eines von ihnen ist der greise Pastor Wübbenhorst - das andere ist Marten - ihr Marten. Gretmarie glaubt zu träumen - sie greift nach ihm – sie streichelt sein mageres Gesicht - und spürt, daß er lebt. Er lebt - er lebt wahrhaftig.

Wie ein bildhaftiger Weihnachtsbaum stehen die beiden wortlos vor dem blanken Spiegel.
Jetzt kann sie doch noch sehen, wie schön sie als Braut aussieht.
Das Strahlen und das Leuchten - das hat der alte Pastor Wübbenhorst dazugetan.
Er hat das Versprechen der beiden - von vor neun Jahren – noch in der kleinen Kammer in ein Sakrament gepackt - er hat Gretmarie und Marten auf der Stelle getraut.
Das neue Leben - das in dieser heiligen Nacht in Gretes Leib zu Leben wurde - das betrachten die beiden heute noch als ihr Christkind.

Der verzweifelte Weihnachtsmann …

Ich hau in den Sack,
sagt der Weihnachtsmann,
und pfeffert die Rute auf den Müll.
Schau dir doch mal den Scheißdreck an,
mit dem ich die Wünsche der Kinder erfüll'.
Ich krieg nur noch Schrott aus der Kunstmaschine -
kein handgestopft' Teddy, und kein Pferd aus Holz,
keine Puppenstube mit Tüllgardine -
nichts, worauf früher die Kleinen so stolz.
Kein Bilderbuch gibt's mehr,
und keinen Roller zum treten,
keine Stifte zum malen,
und keine Knete zum kneten.

Nur Videos muß ich verteilen,
die den Kleinen die Augen verderben.
Und die für die Großen,
die leben vom Sterben.
Ich habe schon lange nicht mehr gespürt,
daß ein Herz durch Weihnachten angerührt.
Was soll also dieses ganze Gemiste,
dieses Gedöne aus vergangener Zeit?
Ich pack meinen Mantel in die Mottenkiste,
und mach mich zum Abgang bereit.

Die zweitschönste Zeit des Jahres

Weihnachten hin - Weihnachten her,
von überall hört man
es weihnachtet sehr.
Es beginnt im Oktober
mit Kringel und Stuten -
bei soviel Zinnober
da muß man sich sputen.
Da muß man sich sputen
ans Geld ranzukommen -
ans Geld der Erzeuger
und weniger Frommen,
ans Geld
der Onkels und der Tanten,
ans Geld
der Bluts- und Anverwandten.
Denn sind sie vorbei
die lichtvollen Tage,

und ist man entronnen
der Geldausgebplage,
dann betrachtet man oft
und oft voller Grauen
die Gaben,
die oft den Geschmack verhauen.
Ist heilfroh und glücklich,
daß man dann und auch wann
den Unsinn
gegen Unsinn
eintauschen kann.
Kratzt erneut für den Rest des Jahres
wieder zusammen
Verdientes und Bares -
um im nächsten Oktober
auf's neu' einzusteigen
in den heiligen Kampf
um das Geld zu vergeigen.

Diederk ...

Oabendbrotstied is över d' Huus fall'n. Buten gliddert de blanke Fröst över dat Land. Schneeröäk licht in d' Lücht. In veer Wäken is Winachen. Diederk kummt pulterich in de Köken. He kloppt sükk de Aarms, dat dat Blood wäär anfaangt to lopen. „Tini - moak mi man gau een stieven Grog - veer Stünn'ns hevv ikk an d' Stroat stoahn - de Bulldoch de har Plattfoot.

Schmitt Gerds kunn nich so flink een neeän Reifen besörgen." Sien Nöäs is vöör Koal rein blau anlopen. „Ikk har all in d' Kiwi, dat ji wäär bi Emil Egts in d' Krooch verhoagelt weesen," schleit hüm tomööt. Tini, wat sien Froo is, de steit an d' Kökendisch - vöör sükk hett see een grooten Schöädel mit Deech stoahn. See steit mirden in d' Winachsbakkeree. So, as see de Eier över de Kant tweihaut - man kann hör de hillige Gnadderichkeit ansehn. Und hör'n kann Diederk de ok: „Ikk wull di Hinnerk all achteran stüüren."

Hinnerk is sied veertich Joahr up de Hoff - van sien Schooltied all an. Bi Diederks Voader is he all as Lüttknecht anfungen. Wenner hüm moal een Frömmden dornoa froacht, wat denn eelich sien Boantje in de Bedriif is, denn antert he foaken mit schmüstern üm de Oogen: Ikk bün de Grootmaid - Mädchen für alles - löpt dor denn noch mit för de, de nich weeten wat dat is. Tini hett sükk van d' Disch wächdreit. „Dat hevv ikk denn oaber doch loaten, wiel - övermörgen is Vullmoand - un bevöör Hinnerk ok noch wäär mitverszakkt..."

See schnakkt nich wiider, de Kädel faangt jüüst an to fleuten. De Groglöäs pingeln as Winachsklokken. Ut de bruune Buddel klukkert de Rum in de Glöäs, as de Rotwiin Sönndachs in de Kaark dör de Paster sien Halsgatt. Dat Rüken van de goode Stoff ut Jameikoa trekkt as so een Foahn över de Disch hen. Oma, de mit an d' Disch sitt, de kricht all krüllern in d' Nöäs. Diederk stött sien Froo an: „Nu wees man nich so knieperk - twee duumenbreet mooten dor all inwääsen

- anners köänt wi joa glieks Schöädelwoater drinken."
Tini moakt heel grode Gluubschoogen: „Wat heet wi? Ikk will vöör dien Moder un mi een Grog moaken. Vöör Hinnerk un di do du dat man sülven - ikk bün doch keen Krööger föör jo Mannslüüd."
Diederk hollt leever still - sien Brand van eergüstern sitt Tini noch hoch. Noa d' Schwienovleevern bi Barchmann hevvt he un Hinnerk doch verrafftich twee Birgen versoapen - oaber moal eerlich - wat schall man anners ok doon, wenn man bit mörgens üm veer in d' Krooch tohoop sitt.
Tini besinnt sükk denn oaber doch anners, un kricht noch twee Glöäs ut d' Schkapp. „Roop Hinnerk man ähm rin - de is noch in d' Koostall" - sächt see all een spierke sinniger to Diederk. Diederk bruukt eers gannich dör de Achterköken to bölken. Hinnerk steit all in de Dör - för middelamerikoansche Soaken hett he een gooden Nöäs. „Na - Buur, wi mooten Mörgen froo woll hen to Dannenbööm schloahn - dat word Tied - de eersten Upkööpers ween all hier" – brummelt he vöör sükk hen. „Winachen steit vöör de Dör", sächt he noch halvlastich achteran.
„Well steit vöör de Dör?" kreit Oma dortüschen. See hctt Hinnerk sien Schnakk nich recht mitkräägen, wiel see nich mehr to bestich hörn kann. Un wenn Oma wat nich mitkricht, denn is dat nich good. „Loat de aarm Keerl doch rin - de kricht joa iiskollt Footen buten. He kann doch een Grog mit us drinken."
Diederk pruust vöör Lachen so in sien Grogglas, dat de Speuters över d' Disch fleegen. „Mien Jung, dat is

47

heet - du mutts ok nich so biersich wääsen bi d' drinken - näämt di doch nümms wat wäch - de Keerl, de buten steit ok wiers nich - to Hinnerk - nu nööch hüm doch rin!" Oma word all rein füünsch - see will woll för Gewalt weeten, well dor för de Dör steit. Tini kann bold nich an sükk hollen un word twee Trää luuder:
"Omaaaa - Hinnerk hett sächt, Winachen steit för de Dör …!" „Och soo" - Oma foat rein beruhicht mit beid Hannen noa hör Grogglas - „och sooo …de loat man buten stoahn - ikk hevv dorcht, dat wee villicht een van de Noabers." Un wenn ji nu heel verdwarß för d' Joahr up de Fierdoagen luurt, un jo wunnerd dat dor niks kummt – denn schluurt man ähm bi Tini un Diederk vöörbi – dat kann good wääsen, dat Winachen dor jümmers noch vöör de Dör steit.

****

Een anner Winachen …

De Winter wee över Nacht in d' Land koamen - villicht har he dat eerste Lucht an de grööne Kranz sehn, de in dat grode Trappenhuus hung - villicht wee he ok upwoakt, wiel he de lüütji Kinner har singen hörn - de an disse griese Mörgen ünner de Dannentakken stunn'n un Winachsleeder in de koole Lücht van de wiede Deel stüürden. See stunn'n dor - in twee Riegen piedelliek utricht - as Suldoaten up d' Kasern'nhoff. See ween an klöömen in hör körte

Büksen - dat kunn man an de fiine Stimm'n hörn, de as sprungen Glas klungen. Bi d' Singen keeken see stur liekut - up een grodet Mannslüübild ünner een Foahn. Vöör de Müür mit dat Bild stunn'n twee groote Minschen - de klöämden nich in hör piekfeine Uniförmen - un de blitzblanken Stävels. Schneewitte fiine Hanschen harn see an hör Füüsten. De Kinner kennden dat nich anners. De meisten woanden hier - in disse Gewaltskist van Huus – all solaang as see denken kunnen. Mama un Papa kunnen see woll schrieven - see mussen joa Stünn'ns elker Dach läären - oaber inschloapen in Moders Aarm - ov moal up Voaders Schullern dör de Gägend rieden - dat harn see nich kenn'nliert - de Kinner oahn Öllern. Fief Winachen duur disse Kreech all - un he wur jümmer luuder un luuder. De Kinner, de all een bäten öller weesen, de wussen van anner Winachen to vertell'n - van sülvrige Winachsbööm'n mit Kersen - van puusbakkich Engels un van Knecht Ruprecht. Dat deen see oaber blossich Oabends, wenn dat Lucht in de Koamer mit de hunnerd Bäeden ut wee, mit heel saachte Stiäm ünner de Schloapdäkens.

Veermoal Sönndachs stunn'n see noch in de koole Dccl un sungen klömich in de Tied. Elker Sönndach lücht een Keers mehr an de grööne Dannenkring - un denn wee Hillichoabend.

Tomoal wee dat ruhich in dat groode Huus - man seech keen schniegelige Uniförms un hör keen blitzblanke Stävels mehr trappeln. Dor ween blods noch Kinner mit groode, angstvulle Oogen - in

Kneestrümpen un körte Büksen. Een poar Stünn'ns düür dat so - un tomoal weesen Froolüü dor – Froonslüüd as Engels - mit lange witte Kleär un Schleierhauben up d' Hoar. See tillden de Kinner up - nähmen hör in d' Aarms - un geeven hör Waarmte. Un achter de Engels dor stappten Mannslüü mit Boarten, van hör laang Reis schidderk Kleedoasch un Stoahlhelms up d' Kopp. De verdeelden Schokoloa, Kaugummi un Speeltüüchs. Nu wussen ok de lüütjideren Kinner - dat geev hör - de Engels un Knecht Ruprecht - un de Geschichten van dat anner Winachen weesen keen Märchens wäst.

****

Een Froach blods ...

Wat is eelich Winachen?
Well weet dat woll noch -
well denkt noch
an dat hillich Geböören?
Jedeneen de lett dat kroaken,
as wenn dat üm geit
de Welt to verföören.
Winachen
dat hett Frää to bedüüden
un Minschlichkeit
hier up de Eer -
woneem schulln anners

de Klokken woll lüüden,
wenn Een deit de Anner blods säär.
Loat dat heele Gedrüüs
moal ünnern in d' Schkappen,
denn schall dat in de Hüüs
mit de Freud ok wäär klappen.

Een heel besünner Winachen...

De Dezembermoant steuster dör de Doagen - he kunn sükk mennichmoal sülvst nich sehn - so fast hung de Doak över dat Land. An Bööm un Strüker drüppel van de blanken Oosten dat Woater - as Troanen ut Kinneroogen. Heel saacht - blods ov un to kunns moal een Schnükkern hörn - wenn buten up de Prikkenwacht dat Busen de Pingel anstööt. Keen tutern van Hörns - keen tukkern van Schippsdieseln kroop dör de griese Lücht. De Hoaben an d' Siel leech as dood vöör de Diek - man kunn blossich de Schliek rüüken. Keen Stoom van de Granoatkäädels - keen Piependamp van Mannslüüschmöken as Teeken van Lääven. Eenzich de Schimmelrieder flooch in de Stünn'ns tüschen Dach un Dau över d' Diek dorhen. Man kunn hüm blods as Schkaa seh'n. Fief Reitdakkhüsen dukelden sükk achtern Diek - glieks bi de Schlüüs. Ünner de hukich Gäävels blenker ov un to dat Lucht van een Schienfatt dör de busterken Schieven. De neeä Tied har een Boagen üm dat lüütji Dörp moakt, as see mit elektrisch ünnerwäägens wee. An de Schmachtlieders an d' Siel wee niks to verdeenen - har moal een Boas van d' E-Waark sächt, as in d' Kreisstadt dat künstlich Lucht fiert worden is. Nä - Strom kunnen see de Schmachtlieders dor buten nich gääven - oaber dat Lääven van de Mannslüüd - dat kunnen see bruken, as dat heet: wi mooten Kreech moaken. Dat Haun un Stäken, dat Dodscheeten un Brandschatzen wee to Ennen - de ingelsch Fleegers keemen nich mehr bi Nachten van See her, um hör gleunich Paketen fallen to loaten. De Minschen an d' Siel kunnen wäär noa buten goahn - oahn dat see van Sireen'ngehuul in d' Schloot jocht wurden. Oaber wat schullen see in buten? Schullen see an d' Hoaben up de Kutters wachten - de dat nich mehr geev? Schullen see an d' Hoaben up de Schkippers - up de Voaders - up de Söähns wachten, de ni nich mehr wäär trüch keemen? De Elektrischboas wee in de Kreechsjoahren bi sein Famili in Huus wäst – he har sien Lääven an de „Heimoatfront" insett - mit een blenkernd Blikk an de Böst. Dor wee in Sömmer veerunveertich extroa een Drufel Minschen ut de Rijkshauptstadt wägen infloagen, um hüm dat an sien Jakk to stäken. He wee so bannich stollt dorup, dat he van d' hochrieten een Tiedlang een stieven Aarm har - de wull rein gannich wäär andoal goahn. Un nu hööch he sükk, dat hüm dat so good gung - he wee joa all jümmers tägen de Kreech wäst - dat har he joa düdelk wiest. Denn de frömmden Suldoaten de ween noch gannich in de Kreisstadt intrukken, dor hung an sien Huus all dat grötteste un witteste Bettlinn'n dat de Minschen in d'

Kuntrei sehn kunnen, an sien Huusgäävel doal. Kiek - un doran har man dat doch all sehn kunnt.

De griese Boas November har middelwiel sien Regiment an sien iistern Bröer Dezember ovträäden. De Dieksters ween hör Lääven lang stollt up de lüütji Kaark wäst, de hunnerd Meter van d' Diek wäch, up de ole Kaarkenwarf stunn. In d' Adventstied schweef de geele Schien van d' Kersenlucht jümmers dör de bunten Kaarkenfinster – he weih tosoamen mit dat Klokktornlüüden över dat Land - över de Schkeepen, un över dat iisige Woater vöör de Dieken – he trukk in de Hüüs un mook de Minschen blied.

De Bliedheit is wäch - de Kaark is wäch. In een pikkschwaarten Wintersnacht - Hillichoabend veerunveertich – dor keem dat Verdarben in de Kaark. Dat full man so van d' Hääven doal. Üm Klokk Middennacht schlooch dat Füür boaben dat Dakk tosoamen. De Klokktorn stunn sieddem as een schwaarten Wiesfinger alleen up de Höcht. Nümms hett siet disse Nacht an dat Klokkentau trukken üm de brannerich schwaarte Klokk to lüüden. De Paster un de Kaarkendeener sünd in dat Füür ümkoamen. Een Joahr is sieddem dör dat Land trukken – mit drcchunnerdfiefunszäßtich Doagen Elend achter sükk an. Üm de Kaarkenwarft is dat still - dodenstill - an dissen Hillichoabend fiefunveertich.

In de fief Hüüsen is dat still - dodenstill - an dissen Hillichoabend fiefunveertich - blods Froolüü un Kinner sitten üm dat schroare Füür in de Huusen. Wat hevvt de sükk an Hillichoabend ok all to särgen, wenn de Voader nich wäär koamen is – wenn de Söähn buten blääven is - wenn niks up de Dischen steit as drööch Brod un Woater. Dat is denn woll us Herrgott an d' Haart goahn - ov wu anners kann mi dat een verkloaren, dat üm Klokk Middennacht Lüüden van d' Kaarktorn her insett - un as een busigen Stöörm över dat Land henweih – över de Hoaben un över dat iisige Woater buten vöör de Diek. Dat in de fief Hüüsen trukk - un Bliedheit mit sükk broch. Un well heel genau henluster, de kunn düdelk hörn wat dor manken dat Lüüden mitschweef, as wenn Engels sungen – jo is vandoach de Heiland geborn.

Een sünnerboaren Tied...

Överall hört man de Engels ööven
heel fiin un heel saacht
dat see nümms stört
de Kinners up d' Eer
köänt all nich mehr ovtööven
wat dat an Winachen woll geböört
in Schuven un Schappen
in Winkel un Hörns
lett Moder Bott för de Winachsmann
ok ünner de düster Kellertrappen
haangt noch wat för sien Gespann
groot Hinnerk de kann dat nich loaten
stilkens to luustern un hentofoaten
Stine de wüür dat joa ok allsto geern

doch dorför is see to lütt de Deern
wenn Opa dat woahrt
deit he woll moal schellen
un sächt
he wüür dat de Cloaskeerl vertellen
doch liekers
deit he de Oogen tokniepen
he kann doch sien Enkels
nich an d' Häävenn verpiepen
Voader hett rein keen Tied
för de Froagen
he mutt achter de Pinunsen anjoagen
denn ok dat hett sükk ännerd in disse Welt
Freud up de Eer
givt dat blods noch för Geld

Een Winachsgeschicht . . .

Tweedusend un eenmoal Winachen all över de Eer hentrukken - tweedusend un eenmoal is de Stern dör de Häven seilt - un hett de Minschen de Stää wiest, an de us Herrgott sien Söähn up d' Welt stüürt hett.
Tweedusend un eenmoal hevvt de Minschen dat nich begrääpen. Wo anners kann mi een Minsch verkloaren, dat dat up de Eer elker Dach an irgend een Kant Kreech givt?
Dat elker Dach Minschen darben - Minschen starben, wiel see nich genooch to äten hevvt?

Dat elker Dach Deerten Quoalen lieden mooten - wiel dat för mennicheen Minschke düchtich Pinunsen brengt.?

Up de anner Kant van dat grode Woater - an de Sied wor de Süän ünnergeit - hevvt Minschen dat särgen, de willt aal Lüü wiesmoaken, dat see jümmers dat Best för Eer un Welt doon.

Bi jedet Word, wat see särgen, dor droagen see us Heergott stilkens up de Tung. Bi jedermoal Bekk uprieten faalt de Heiland an d' Grund doal. Ikk denk bi so een Gedoo - Christus hett gannskeen Tied, sükk in d' Haart van disse Minschen komodich intorichten.

Dat is wiet van us wäch - hör ikk ut een Ekk. Wenner dat so wee, much dat joa noch angoan - oaber kiek di moal de jungen Eliten an - de bi us in Politik dat särgen un wiesen hevvt. See stoaht in de Wallachei van hör kruset Denken mit blods noch Doalerteekens in de Oogen.

Un wenn see moal nich in hör eegen Knipke luuren - wat minn genooch vöörkummt – denn pliesen see mit verdreide Oogen noa Westen to. Netso luurich as Schoolkinners, de mit Lüchten in hör Kiekers un rode Oorn dorup tööven, dat Billy Jenkins sein Scheetiisen trekkt un losballert.

See weeten wiers heel genau - irgend wat schöält woll droapen - un wenn dat een schmachtich lütt Minschke in Afghoanistoan is. Denn eens hollt jo man vöör d' Oogen - dat Kreechsspeeltüch - wat de Iisenmoakers so Dach för Dach boon, kann doch nich blods up een

Hopen pakkt wurden. Dor mooten de Jungs doch mit speelen.

Nu froach ikk jo - in wekker Sandkast kann man dat an goaelksten? N'türlich in de van anner Lüüd.

Dor kummt denn noch eens bi rut. Wiel us Herrgott dat drokk hett, un woll duusend moal an d' Dach tosehn moot, dat he wäär in d' Bekk van dissen Billy Jenkins Ovklatschen rinkummt - hett he keen Tied us Regeernden hier bi hör stur Waark to helpen.

Kiek - un so koamt wi denn wäär up us Kanzler. Wiel he bekenntermoaten plietsch is, un de Herrgott ok woll keen schlecht Geweeten inschüün'n will - van wägen de joa keen Tied hett hüm to helpen - sächt he, wenn he wat beschwörn deit, ok nich: „Dor schall us Herrgott mi bi helpen."

Un dat hüm disse Spröäk nich heel un dall ut d' Kopp flücht, wünsch ik mi, dat sien Oogen tokoamen Winachen nich in sien eegen Knipke luurn un nich noa Westen to - wor de Süän ünnergeit.

Nä, ik wünsch mi, dat he Winachen moal in us Land kikt - un sücht wat he hier bäter moaken kann - un dorbi villicht sächt: „Gott schall mi helpen!"

****

Ein anderes Weihnachten...

Der Winter war über Nacht ins Land gekommen – auf leisen Sohlen.

Vielleicht hatte er von weitem das erste Lichtlein am Adventskranz gesehen, der in dem großen hohen Treppenhaus hing.

Vielleicht war er auch aufgewacht, weil er die Kinder hatte singen hören, die am Morgen unter den Tannenzweigen standen, und Lieder in die kalte Luft des großen Flures schickten. Es waren keine Lieder von Weihnacht' und froher Erwartung, nein - es waren Lieder vom Zug gegen Engeland und von Franzosenhatz. Lieder von flatternden Fahnen und von Soldatenehre mußten sie singen.

Akkurat ausgerichtet standen sie da. Mit Kniestrümpfen, kurzen Röcken oder Hosen und kurzärmeligen Hemden bekleidet - in Zweierreihen, wie Rekruten auf einem Kasernenhof ausgerichtet. Ein bißchen froren sie schon – so wie sie da standen als Volkes Stolz und Hoffnung.

Man hörte es an den Stimmen - die sich zaghaft aus den kleinen Kehlen zitterten.

Während sie sangen schauten sie fest geradeaus auf ein Männerbild über einer blutroten Fahne. Es hing an der Wand vor ihnen. Unter diesem Bild standen zwei große Menschen - eine Frau und ein Mann.

Die froren nicht - in ihren piekfeinen Uniformen und den blank gewienerten Stiefeln. Sogar feine weiße Handschuhe trugen sie.

Die Kinder kannten es nicht anders - sie wohnten hier, in diesem riesengroßen Haus, solange sie denken konnten. Mama und Papa und vieles andere konnten sie wohl schreiben - gewiß - sie mußten ja viele

Stunden am Tage lernen. Aber einschlafen in Mamas Armen - oder Huckepack beim Papa auf den Schultern durch die Gegend reiten – soetwas kannten sie nicht - die kleinen Waisenkinder.

Fünf Weihnachten dauerte dieser schreckliche Krieg nun schon - und er wurde immer lauter und lauter.

Die älteren unter ihnen wußten von anderen Weihnachten zu erzählen - von bunten Weihnachtsbäumen – vom Geruch gebratener Äpfel - von Engelsbildern und von Knecht Ruprecht.

Das taten sie aber nur des Abends - wenn das Licht ausgedreht war – sie taten es flüsternd und unter der Bettdecke.

Vier Sonntage standen sie in dem kalten Flur - und sangen mit ihren dünnen Stimmchen - und jedesmal brannte eine Kerze mehr am Adventskranz - viermal ging das so - und dann war Heiligabend. Und plötzlich war es ruhig in dem großen dunklen Haus. Keine piekfeinen Uniformen und keine blank gewienerten Stiefel waren mehr zu sehen – kein Hacken schlagen und kein harscher Befehl polterte mehr durch die hohen Räume - nur noch Stille war zu vernehmen.

Vcrängstigte Kinder in Kniestrümpfen und kurzen Röcken und Hosen drückten sich in die Ecken.

Bis auf einmal Frauengestalten in den Stuben erschienen – es schienen Engel zu sein in ihren langen weißen Gewändern - mit Schleierhauben auf dem Kopf, und Frieden in den Gesichtern. Jedes Kind wurde von ihnen in die Arme genommen und geherzigt - und hinter den Engeln stapften bärtige, schmutzige, verdreckte Männer mit Stahlhelmen auf den Köpfen einher - die Schokolade, Kaugummi und Spielzeug an die Kinder verteilten.

Da wußten auch die jüngeren Kinder - es gab sie - die Engel und Knecht Ruprecht, von denen die älteren unter ihnen berichtet hatten. Die Geschichten von dem anderen Weihnachten waren keine Märchen gewesen.

Eine Weihnachtsgeschichte...

Vor langen Jahren hat es sich zugetragen, daß kurz nach der Zeit des Osterfestes zwei Himmelssterne sich einen Platz auf der Erde suchten. Zwei junge Menschenkinder, die im weiten Norderneyer Dünenland umherirrten, waren ihr Ziel. Genau in dem Moment, als die Wege der beiden sich kreuzten, sanken die Himmelssterne in die Herzen des jungen Mädchens und des Jünglings. Die beiden Sterne - der eine mit grünen, der andere mit braunen Augen - hatte der liebe Gott als untrennbare Zwillinge auf die Reise geschickt, um zwei unschuldige Menschenherzen zu finden, die sie auf himmlische Weise verbinden konnten. Von diesen beiden Menschenkindern mußte ebenfalls eines grüne und das andere braune Augen haben. So geschah es - und fortan waren die Auserwählten ebenso miteinander verbunden wie die Sterne am Himmel. Inzwischen bewegte sich die Zeit in der Zeit auf Weihnachten zu. Das Fest, an dem ein Christkind geboren werden sollte. Das Licht der

Sternenseelen strahlte so hell, das zwei ältere, schon fast ausgebrannte Sterne neidisch wurden - ihre Energie zusammentaten, und mit gewaltiger Kraftanstrengung die Zwillingssterne auseinander rissen. Durch diese große Anstrengung waren sie erschöpft und lahm - und zufrieden. Aber allzu große Zufriedenheit trübt den Blick - und so übersahen sie, daß die Zwillingssterne noch an einer Ecke zusammenhingen. Die beiden großen, kälter werdenden Sterne freuten sich darüber, daß die zerrissenen Enden hilflos durch die Weite des Himmels trudelten. An diesem heiligen Abend wurde kein Christkind geboren - und am nächsten und am übernächsten auch nicht. Vierzig lange Jahre nicht - erst als die großen schwarzen Sterne ihre letzte Wärme und ihre letzte Kraft verloren hatten, fanden die zerrissenen Hälften des Zwillingssterns wieder zueinander. Und wenn in diesem Jahr Weihnachten über die Erde kommt, können die Menschen hoffen, daß ihnen wieder ein Christkind geboren wird.

****

Engelsvisit …

Vernacht wee een Engel
bi mi to Visit -
he wull mi wat särgen,
he keek so heel blied.
Sien Flöägels de blenkern

as fiinspunn'n Glöäs -
ikk kunn mi blods höögen,
een Troan hung mi an de Nöäs.
He wull mi wat bringen
van Heiland un Fräee -
ikk höör heel fiin Singen,
kunn nich van de Stäee.
Mien Haart dat wor licht
as de Wulken an d' Hääven -
dat wee so tomoal
an jachtern un schwääven.
Ikk spöär rein niks mehr
van Olldachsbedrüüs -
mien Seel stapp dör Müüren,
flooch hoch över Bargen,
keek in een büld Annerlüühüüs.
Höör Minschen sükk targen,
seech Kinner in Nod -
doch as de Engel to hör keem
dor wee allens wedder good.
Un ikk wuss bi mi,
ganz deep in mi binnen,
wenn an de Engel wi glöövt
deit de Fräee up d' Eer winnen.

****

Engelsbesuch ...

Heut' in der Nacht hatt'

ich Engelsbesuch -
er war golden gewandet,
trug seidenes Tuch.
Die schneeweißen Flügel
so fein gesponnen,
als wär er damit
von der Sonne gekommen.
Die Haare glänzten
mit seidigem Schimmer -
es war wie im Himmel
in meinem Zimmer.
Er hauchte mir Worte
die nur ich verstand
und brachte mir Botschaft
aus himmlischem Land.
Frieden kam über mich
und hielt mich umfangen -
er ist dann leise
wieder von mir gegangen …

****

Der Liebesengel

In nachtblauer Weite
schwebt ein Engel dahin -
setzt da wo's gebührt
seine Zeichen.
An seiner Seite
die himmlischen Scharen

machen steinerne Herzen
erweichen.
Die Güte Gottes
die Hände ihm führt,
wer schuldig
dem wird er vergeben -
hab ihn in der Nacht
in der Seele gespürt,
fühlt freudig
das andere Leben.
Ich hörte dein Lachen,
obwohl du weit fort -
wir tanzten
auf blumigen Matten,
wir liebten uns
an verschwiegenem Ort -
waren glücklich
daß wir uns hatten …

****

Der rettende Engel …

Ein Engel erschien
in der kaltdunklen Nacht -
war gar nicht als Engel zu kennen.
Hat Frieden und Wärme und Liebe gebracht,
der Mann in der Joppe,
wie anders sollt' man ihn nennen.
Verteilt mit den Händen

so aus dem nichts haben
Speisen, Getränke und Kerzen -
für die Menschen der Strasse
die herrlichsten Gaben,
sogar Mittelchen gegen die Schmerzen.
Und wie er gekommen
so ist er gegangen,
bevor sie ein Danke gegeben -
und plötzlich
hat es dann angefangen,
für die Ärmsten der Armen
ein anderes Leben.

****

Engel ...

so mag mancher
ungläubig fragen,
was sind denn das
bloß für Wesen?
Ich habe hier unten
noch keinen geseh'n,
hör' ich jemand
festbestimmt sagen.
Mein lieber Jemand,
der du so überzeugt
von deiner eigenen Stärke,
hast bestimmt noch nie
deine Seele gebeugt

vor Gottes himmlischem Werke.
Hast nie gesehen
mit offenem Herzen
die Schönheit des irdischen Leben -
hast nie gespürt
verzweifelte Schmerzen
und Freude,
wenn Gott dir Gesundheit gegeben.
Dein zweifeln
ist ein läßliches Tun -
du wirst es erfahren beizeiten,
denn nirgendwo ist schöneres Ruh'n,
als in der Engel
himmlische Weiten.

****

Es weihnachtet sehr . . .

Die Sterne rollen durch den Himmel,
kugelrund und blankpoliert.
Knecht Ruprecht putzt schon seinen Schimmel,
der Schlitten wird bunt ausstaffiert.
Auf Wolkenstrassen wird er sausen -
von Haus zu Haus, von Kind zu Kind -
hörst du die Weihnachtsstürme brausen,
ist es der Engel Antriebswind.
Sie fliegen durch die kalten Nächte,

schauen wohl rein in jedes Haus -
sie schweben durch Kaminens Schächte,
als Boten für den Santa Claus.
Wer in des Jahres großem Buch
als lieb und folgsam steht beschrieben,
der kriegt aus dem Gabentuch
Geschenke bis zu Stücker sieben.
Bei Kindern, die nicht brav gewesen,
da wird die Rute 'rausgeholt -
sie kriegen die Sünden vorgelesen
und ihre Hintern fest versohlt.

Goode Vöörsatzen

Wi hevvt nu allwäär achterloaten
good äten drinken Fierderee -
de Olldach hett us wäär to foaten
mit sien Sörgendreieree.

Wat man Neejoahr sükk vöörnoahmen hett
so dit un dat to ännern -
mit elker Dach dat anners lett
up use Wandkalennern.

De eerste Wääk un noch wat mehr
sitt een dat bannich hoch in d' Kopp,
du schuffst dat in di hen un her

as de darte Teller Boonenzopp.

Du machst dat bold nich mehr ankieken,
wat dor so lücht hett rein un wiet -
denn letts du dat man eenfach rieten,
un denkst bi di - wat schall de Schiet.

Dat düürt een poar Moand un een bäten,
denn hevvt wi wäär so 'n Olljoahrsnacht,
in de di denn dat schlecht Geweeten
van ünnern ut dien Buuk anlacht.

****

Was mag wohl drin sein in den Päckchen,
da unterm bunten Weihnachtsbaum?
Ganz vorne steht ein pralles Säckchen
und fesselt Hinnis Sehnsuchtstraum.
Er wünscht sich doch so lange schon
'nen Bären der tief brummen kann -
vielleicht auch noch ein Grammophon
mit einem großen Trichter dran.
Drum hat er jetzt den Santa Claus
intensiv gebeten,
doch in diesem Jahr an seinem Haus
fest in die Brems zu treten.

Es hat gewirkt – das sieht er schon,
denn aus dem Leinensack dem großen
schaut oben raus das Grammophon –
der Bär hat's rausgestoßen

****

Äpfel mit knallroten Bäckchen
Päckchen sorgsam eingepackt
Nuß und Mandelkern in Säckchen
die Sterne glänzen wie gelackt
das einzig' Licht im ganzen Haus
scheint von den Kerzen rings am Baum
die Stube sieht so festlich aus
heut wird er wahr – der Menschen Traum
Friede wird's auf Erden geben
jeder sei des andern Freund
gönne ihm das bißchen Leben
und daß auf ihn die Sonne scheint

****

Weihnacht in Deutschland,
Weihnacht in Russland,
und überall sonst wird es still
in der Welt -
besinnt euch des Friedens,
besinnt euch der Gaben
und spürt wie die Hoffnung
hernieder fällt.
Schauet die Wege die ihr gegangen,
sehet was daraus geworden ist -
nehmet der Zukunft
das ängstliche Bangen -
ob Moslem, ob Hindu,
ob Jud' oder Christ.
Reicht euch die Hände
und windet ein Band -
über Mauern und Wände
von Land hin zu Land.

****

Gold'ne Kugeln, rote Kerzen,
grün und duftend ein Tannenbaum -
Kinder in der Stube scherzen,
heut wird erfüllt so mancher Traum.
Lichter blinkern in den Räumen,
draußen schneit es winterweiß -
neben bunten Zuckerschäumen
duftet Punsch – schön süß und heiß.
Heute hat der Alltag Pause,
die Freude tritt an seine Statt -
wer's mag macht eine Riesensause
und futtert Weihnachtsplätzchen satt.
Um Mitternacht da wird es still,
jeder schweigt auf seine Weise -
ein Stern zeigt an was werden will
und verlöscht dann wieder leise.
Wer ihn gesehen weiß was ist
und hält den Atem an -
es war der Stern vom heiligen Christ,
als das Licht vom Weihnachtsmann.

****

Goos moal anners

Dat gung moal wäär up Winachen doal. Up d' günntsied van d' Stroat – in dat Gröönland van Kobus Richelpoal wuur dat Schnöätern all minner. Dat Koppel Goosen wat sükk dor rümdreef dat kunn man nu all tellen. Elker Dach keem'n de Minschen ut de Nöächte - un ok van wiet her. Martensdach un Winachen – wat ween disse Doach oan een broaden Goos up d' Disch. Bi Kobus Richelpoal wuurn de Deerten oaber ok noch up de ollerwelsche Oart fettfuttert. Nich so stopperich as bi de Schluurhakken van Pinunsenschooster hier in Düütschland ov annerwons. Man weet joa, wo dat över de Oostergrens mennichmoal togeit mit de Deertenmästeree. Kobus sien Goosen – de kösten denn ok woll een poar Pennings mehr – oaber he bruks ni nich Sörch to hemm'n – he har jümmers noch to minn to verkoopen. Hans in d' Glükk woahn mit sien Annelisse nich wiet van de Goosweid wäch. Oh Gott – wo foaken har he Troan'n in d' Oogen – wenn he so noa de anner Kant van de Stroat keek, un an de Tieden trüchdorch, in de

sien Moder noch dat Winachsäten t'rechmoakt har.
Sien Annelisse de kunn woll komodich Woater koaken – oaber dormit hull dat ok all up. Speegeleier hett see sükk moal an versöcht – de stunnen denn hochkant in d' Paan. Dat har joa ok sien goodes – up disse Oart paasen dor joa een büld mehr Eier rin. Ganz so recht wee dat denn woll doch nich – de wulln näämich nich stoan bliiven – un so kreech he jümmers Eierschmeer. Na – liekers – sien schmachtich Pans hull up to gielen – un dat is doch ok wat weert. De fiefuntwintich Joahr bit noa d' sülvern Hochtied har he all mit dat Schmoalspoaräten achter sükk brocht – he kunn sükk gannich mehr besinnen, wo een Minsch sükk noa so richtich oostfreeschk Äteree hööcht. Sien Annelisse har näämich in dat wiede Oostenland – dor in d' Noaberschkupp van Dracula – hör Kinner un Jungwichterstied tobrocht – dor wo man ut Stääkrövenschillen een Sönndachskoken mook. Dat mach joa woll wat lekkers wääsen. Dit Joahr schull dat nu wat besünners worden. De Noabersfroolüü harn all wääkenlang van een kröästerken Goos as Winachsbroaden tüünt – dit Joahr wull

Annelisse hör Hans överraschen – see wull hum wiesen, dat see nich minner wat wee, as de freeslandschen Köökschken.

Hans wee de heele Vöörmiddach buten üm d' Huus to an klütern, un wunner sükk över so'n komischen Röäk, de hüm ov un to an sein Rodwiinnöäs vörbitrukk. Een poarmoal har he all noa d' Jauchbakk henluurt – he muß de Doagen endlich de rötterke Klapp neemoaken. Anners kunn in de Bakk woll noch well in ovdrinken. Tägen Middachstied röpt sein Annelisse – „Hans, dat Äten steit up d' Disch." „Wat givt dat denn vandoach Goods to Middach?" – löppt as Froach van hüm trüch. Mehr as „Loat di överraschen" hört he nich ut de Kööken. As he in de Koamerdör steit, dor faangt he vöör Freud hoast an to blaarn – hett sien Froo doch noa een half Joahrhunnerd to'n eersten Moal een broaden Goos up de Toafel brocht. So een Belääven oaber ok. De Goos denn tweitoschnieden, DAT leet Hans sükk joa nich striedich moaken – dat har sien Voader ok all stilkens doan. He sett dat groode Mest an – trekkt de Nöäs kruus - un denn krupt de füünsche Froach över de Disch: „Wormit hest du de Goos denn vullmoakt?" Sien Annelisse kikkt hör Keerl an as Puus up Sönndach – „wuso schull ikk de Goos denn füllen? Dor fääl doch binnerwendich niks an – de wee doch ganz vull."

****

Heiligabend ...

Der graue Wintertag friert sich feucht durch die Stunden. Dezember steht im Kalender - der vierundzwanzigste. Wenn nicht der gewaltige grüne Weihnachtsbaum - drinnen in der Bahnhofshalle - mit tausend Lichtern durch das gläserne Dach blinkern würde - Bernd wäre nicht in den Sinn gekommen, daß Weihnachten ist. Seit gut zwei Stunden sitzt er hier draußen auf der Bank - mitten zwischen den Gleisen - wo sonst die Strassenbahnen und Omnibusse abfahren. Den Rucksack mit seinen Habseligkeiten hat er zwischen seinen Füßen auf der Erde stehen. Alles ist durchnässt. Die letzte Nacht war regnerisch - und er hatte kein Dach über dem Kopf. Einzig Fenna - seine treue Fenna gab ihm Wärme für seine klammen Hände. Sie hockt an seiner Seite - mit dem Kopf auf seinem Knie. Ihre braunen Augen kriechen ihm ins Herz. Er wollte sich doch im Bahnhof bloß ein wenig aufwärmen - er und sein Hund. Um diese Zeit war doch nichts mehr los in der großen Halle. Die Menschen saßen doch alle lange in ihren Stuben - zwischen brennenden Kerzen und Weihnachtsgeschenken. Aber nein – Penner, Penner haben sie ihn geschimpft - die beiden schneidigen jungen Männer in den schwarzen Uniformen mit den glänzenden Stiefeln, in denen sich die Lichter der Kerzen spiegelten. Ob die wohl auch Frau und drei Kinder auf einen Schlag verloren hatten - bloß weil ihre Augen einmal für zwei Sekunden nicht an der richtigen Stelle waren? So wie er es erlebt hat - er, Doktor Bernd Krüger. Chefchemiker war er in einem großen Pharmakonzern gewesen. Damals waren viele ungeborene Kinder durch ein neues Medikament verkrüppelt worden. Dieses Medikament war seine Entwicklung gewesen. Die Geldleute in der Konzernspitze hatten keine Zeit abzuwarten - abzuwarten, ob das neue Medikament auch nach längerer Zeit ohne Nebenwirkung blieb. Er hat damals sein Zeichen darunter gesetzt - weil er seinen Job behalten wollte. Als die ersten Kinder ohne

Arme das Licht der Welt erblickten, da hat der Herrgott ihm zuerst das Liebste genommen - anschließend haben die Menschen sein Haus und seinen Besitz unter den Opfern aufgeteilt. Er ist mit seinem Herrgott nicht verquer darüber - er hatte es ja verdient. So sieht er die Sache - und lebt seitdem auf der Strasse. In den Augen der Besitzenden als Penner. Penner haben im Bahnhof nichts verloren - also haben sie da auch nichts zu suchen. Die Bahn kann den Leuten mit Geld in der Tasche und einem Dach über dem Kopf solch einen Anblick nicht zumuten. Er möchte zu gerne wissen, was in den Köpfen unter den roten Baretts vorhanden ist. Die letzten Groschen - die er in der Hosentasche zusammengekramt hatte – die reichten bei Aldi gerade für eine Portion Grützwurst. Fenna und ihm füllte es knapp einen hohlen Zahn - aber mehr gab es heute nicht. Vor nicht allzu langer Zeit befand sich im Bahnhof noch die Bahnhofsmission - das bedeutete wenigstens einmal am Tage eine warme Suppe und trocknen Aufenthalt. Das Paradies gehört der Vergangenheit an - die Türen sind zugenagelt. Der neue Bahnboss propagierte die Bahnhofsmission als Schandfleck. Durch das draussen sitzen, und die Wärme in der Bahnhofshalle ansehen, verzieht die Kälte sich auch nicht aus den Knochen. Bernd schultert seinen Rucksack und trippelt los. Wenn ihn jetzt jemand fragen würde, wo er hin will - er könnte bestimmt nichts antworten. Fenna läuft wie ein Schatten an seiner Seite - keine handbreit Platz ist zwischen ihrem Kopf und seinem linken Bein. Erst einmal laufen, laufen, laufen - damit das Blut wieder kreiselt. Was zuerst kreiselt, ist ein unbändiges Hungergefühl. Wenn leere Därme schreien könnten, dann wäre es auf den Strassen bestimmt nicht so still. Wie lange er schon mit Fenna an den Häuserreihen entlang getippelt ist das weiß er nicht. Eine geschützte Stelle - an der er mit seinem Hund lagern kann, die hat er noch nicht gefunden. Im Grunde ist es ihm auch egal - dann ist die Nacht wenigstens nicht mehr so erbärmlich lang. Plötzlich sind die beiden nicht mehr allein - ein kleiner, weißer Hund wuselt um sie herum. Aus einer Seitenstrasse kommt ihnen ein älterer Herr entgegen - nein, er macht keinen Bogen um den „Penner mit Köter" wie er es sonst oft zu hören bekommt - er kommt direkt auf Fenna und Bernd zu - bleibt zwei

Schritte vor ihnen stehen, krauelt Fenna den Kopf - und fängt an zu reden. Er erzählt, daß er seit drei Jahren allein ist, und daß seine Frau schon auf der großen Reise ist, und daß seine Kinder wenig Zeit für ihn haben. Bloß den jüngsten Sohn - ein Contergankind – den umsorgt er seit mehr als dreißig Jahren. Bernd kann kein Wort sagen, sein Hals ist plötzlich wie eingeschnürt. Mit leiser Hoffnung in der Stimme lädt der alte Mann die beiden ein, mit ihm und seinem Sohn Weihnachten zu feiern - und führt sie zu einem großen Haus am Ende einer Gasse. Bevor die Tür der Villa hinter ihnen ins Schloß fällt, sieht Bernd durch ein Loch in den Wolken einen einzigen Stern am Himmel blinken - und unversehens weiß er wieder, warum Weihnachten ist.

****

Hillichoabend...

De griese Dach klöömt sükk fuchtich dör de Stünn'ns. Dezember steit in d' Kalenner - de veeruntwintichste. Wenn nich de gewaltige, grööne Winachsboom binnen in de Boanhoffs- haal mit duusend Luchten dör dat Glasdakk blenkern wür - Bernd wee nich in de Sinn koamen, dat Winachen is. Sied Twee Stünn'n sitt he hier buten vöör d' Boahnhoff all up de Bank - mirdenmanken de Sporen wor de Stroatenboahn'n un de Onibussen ovfoahren. Sien Büdel - mit dat, wat he sien eegen nöömt - hett he tüschen sien Footen up de Grund stoahn. Sien Kroameree is aal meersnatt. Letzt Nacht hett dat düchdich rägend - un he har keen Dakk över d' Kopp. Eenzich Fenna - sien trö Fenna har hüm een spierke Waarmte för Liev un Hann'n gääven. See hukelt bi hüm an de Sied - hör Kopp licht up sien Knee - de bruun Oogen krupen hüm rein in d' Haart. He wull sükk doch in d' Boahnhoff blossich een spierke upwaarmen - he un sien Hund. Üm disse Tied wee doch niks mehr los - in de groode Haal. De Minschen seeten doch aal all laang in Huus - tüschen Kersen un hör Winachsgeschenken. Ooaber nä – Penner, Penner hevvt see to hüm sächt, de beid schneidich Mannslüü in hör schwaart Uniförm mit de gliemigen Stäävels - in de sükk de Kersen speegelten. Penner de harn in d' Boahnhoff niks to söken. Ov de beiden woll noaföölen kunnen, wo een tomoot is, de Froo un dree Kinner up een Schlach verloren hett?

Un dat blossich, wiel de Oogen bi d' Autofoahren föör eenmoal Oogenblenkern nich an de richtige Stää weesen? So as he dat beläävt hett - he, Dokter Bernd Krööger.
Chemiker van d' Beteeken her - Pharmazii wee sien Boantje in een groodet Waark. Domoals ween een heel büld Kinner dör een neäd Medikament verkrüppelt up de Welt koamen. Een lüütji Pillker van dat Schloapmiddel har all reicht, üm dat Geböören antorichten. Un dat Middel wee siene Entwicklung. De Geldlüü in de Konzernspütz harn keen Tied ovtowachten – ovtowachten ov dat neä Medikament ok up langer Tied good wee. He hett domoals sien Teeken dorünner sett - wiel he sien waarmen Stool behollen wull.
As de ersten Kinners oahn Aarms an d' Lucht keemen, hett de Herrgott hüm as eerste dat Leevste noamen - siene Froo un de Kinners. Sien Huus, un aal wat he anners noch sien Eegen nöömde, dat is denn ok noch wächgoahn – vöör d' Gericht, as Entschädigung – so hett de Richter dat nöömt. He is mit sien Herrgott un de Welt nich düll doröver - he har dat joa verdeent. So sücht he dat - un läävt sieddem up d' Stroat.

Penner, de harn in d' Boahnhoff niks verlorn – also harn see dor ok niks to söoken. De Boahn kunn de Lüü mit Geld in d' Knipke un een Dakk över d' Kopp so'n Anblikk nich tomoden. He much woll weeten, wat ünner de roden Baretts in de Koppen seet. För de letzt Pennings, de he in d' Büksentaasch tohoop söcht har, hett he bi Aldi 'n Enn'n Görtwurst köfft - dat wee för Fenna un hüm man wat för'n hoalen Kuus - oaber mehr geev dat vandoach nich. Dat is noch gannich so laang her, dor geev dat noch'n Boahnhoffsmisschoon - wor man eenmoal an d' Dach 'n heeten Szopp kreech - un moal föör een Stünn'n schulich sitten kunn. De Dören hevvt see tospiekert, wiel de Boas van d' Düütsch Boahn meen, dat wee een Schandflekk.

Dör dat buten sitten, un de Waarmte in de Boahnhoffshaal ankieken, dor trekkt de Koal ok nich ut de Knoaken. Bernd pakkt sien Büdel up de Schuller - un trippelt los. Wenn hüm een froagen wüür, woneem he hen will, kunn he säker niks antern. Fenna is as so'n Schkaa an siene Sied - keen Handbreet is tüschen hör Kopp un sien linker Been. He moot ersmoal lopen, lopen, lopen - dat dat

Blood wäär in hum kreiselt. Wat toförderst kreiselt, dat is dat Schmachtgefööl in d' Liev - wenn los Daarms gielen kunn'n - up de Stroaten wee dat nich so stillich. Wo laang he so mit Fenna an de Hüüsriegen vöörbi trippelt is weet he nich - een schulich Stää, wor he sükk mit Fenna henpakken kann, hett he noch nich utmoaken kunnt. Dat is joa ok liekers – denn is de Nacht nich mehr so gräsich lang.

Tomoal sünd de beiden nich mehr alleen - een lüütji witten Hund wuselt üm hör to. Van Siedels kummt hör een öller Mannsbild tomööt - nää, he moakt keen Boach üm de Penner – he kummt liek up de beiden doal - un blivt twee Trää vöör Bernd un Fenna stoahn. He krauelt Fenna de Kopp un schnakkt mit Bernd. He vertellt hüm, dat he sied dree Joahr alleen is - dat sien Froo all up de groode Reis is - un dat sien Kinner man minn Tied hevvt. Blods denn Jüngsten - een Contergankind – de ümsörcht he sied över dartich Joahr. He froacht - mit een Beevern in d' Stiäm - ov see nich aal tosoamen Winachen fieren willt - un nööcht Bernd un Fenna in sien groodet Huus. Bernd kann niks särgen - he hett tomoal een Knütt in d' Halsgatt sitten – un löpt hoast blind achter dat öller

Minschke her. Bevöör de Huusdör denn achter hör in d' Schlött faalt, sücht Bernd dör een Wulkenlokk een eenzigen sülvern Stern an d' Hääven blenken - un tomoal weet he wäär, woarüm Winachen is.

****

Jahreswende ...

Es zischt und kracht,
es pfeift und rattert -
man allerorts Spektakel hört.
Das Jahr bekommt 'nen Riesenschrecken,
irgendwo ein Knallfrosch knattert -
es schaut noch mal verstört,
das Jahr – und ist dann pfeilgeschwinde weg.
Es lässt zurück Erinnerungen,
taucht ein in die Vergangenheit -
egal ob gut ob falsch besungen,
hat sich das Jahr von Gegenwart befreit.
Es schaut noch mal dem neuen Jahr
verschämt unter die Röcke,
wird blaß von dem was es da sieht -
mit Sprüngen wie verstörte Böcke
es eilends dann von hinnen zieht.

Nun steht es da,
das unbefleckte Neue,
es weiß noch nicht was es erwartet -
es hält auf jeden Fall
der Zeit die Treue,
ganz gleich wie auch
und wo es startet.

Kiek moal noa boaben . . .

De Häven - schwaart un sternenhell,
trotz balkendüster sücht man wiet -
een Lucht dor boaben – schienfattgrell,
schall stüürn us döör de Winachstied.
Mennicheen kikkt as Tüünkroam dat an,
man glövt doch nich mehr an de Winachsmann.
Nä - de Winachsmann loat man föör Jungs un föör Deerns -
föör de Groten dor lüchten de Herrgott sien Sterns.
Een bäten Besinnung deit jedereen good,
sett di moal doal un säch Danke -
denn krist du wäär Moot.
Niks paaßt woll bäter in disse Tied -
villicht maakst ok du,
dat Winachsfest is nich mehr wiet

Man much dat woll weeten ...

De Stuvendör sükk nich bewäächt,
dat Schlöädellokk verhangen -
man meent, dat dor de Engels fleecht,
in Kinnerhaarten söötes Bangen.

De Fenster wiesen in d' Appeltuun,
villicht kann man wat spitzen -
de Gröttern sünd vöör Neeschier duun,
see doon sükk rein erhitzen.

Möächt see noch so foast sükk quääln
sükk an dat Müürwark hochtotilln -
stoadich deit een Stückji fääln,
an dat, wat see woll weeten willn.

Man sücht dat blinkern in de Schieven,
sinnich geit een hen un her -
nich weeten wat de binnen drieven,
in Kinners Kopp geit dat tokehr.

So moten see sükk still bemööten
bit dat an to pingeln faangt -
Geschenken - Kringels - Päpernööten
Knecht Ruprecht ut sien Büdel laangt.

Noa Winachen

Harm Buur hett Winachen good äten
so twee Doach, dree veer of fiev -
nu ploacht hüm rein dat schlecht Geweeten
un Ballern in sien Ünnerliev.

De Büx de knippt hüm över d' Buk,
dat Hemd geit ok nich mehr recht to -
to Olschke - pakk de Reem un luuk,
sächt he to siene leeve Fro.

Bi d' Dokter sitt he nu to kloagen,
dat hüm d' nich good geid hier un dor -
de meent, he brukt nich lang to froagen,
Harm Buur is hunnerd Pund to schwoar -

Givt dat denn nix bi us Afteeker,
wat mi helpt - wat mi gereut?
Nä sächt Dokter Knoakenbräker -
een tweedet Morslokk wee dien eenzich Freud.

****

Nu is d' nich mehr laang hen ...

Wenn dat üm veer all düster word
geit sinnich woll dat Joahr to Enn'n
tomoal schleit up de Himmelspoort
man sücht de Engels rönnen

Hier is de Büdel noch nich vull
dor sünd noch heel keen Päpernöten
Winachsmann kikkt all rech dull
wiel see nu nödich losfoahrn möten

Överaal dat Tüchs verstääken
wat see an Hillichoabnd verdeelt
moot man ok moal de Aarms langrekken
wenn hier un dor een Ledder feelt

Wäkenlang word Stuten backen
dat Himmelsfüür geit ni nich ut
de Engels hevvt keen Tied to schnakken
see kennen blods noch Winachsstuut

Winachenoabend is d' denn sowiet
de Lütten rönn'n aal hen un her
Minüten wordn to'n langen Tied
dat Töven deit all richtich säer

Wenn denn tomoal de Dör up geit
de Keersen sünd an lüchten
wenn Winachsmann denn vöör een steit
much mennicheen woll flüchten

Is ok so'n spierke Angst dormanken
de Oogen blenkern doch as Sterns
wenn ut d' Winachsmann sien grode Pranken
Geschenken koamt föör Jungs un Deerns

****

Weihnachten – so fragt mich ein frierendes Kind,
Onkel, was ist das - kannst du es mir sagen?
Ich hab' auch schon gesucht – aber ob ich es find'
in diesen hektischen Tagen?
Ich sehe nur Berge von teuren Sachen –
ich hör' nur das klingeln von Kassen.
Kein strahlend Gesicht, und kein fröhlich Lachen -
ich spüre nur Kälte ans Herz mir fassen.
Ein jeder hat Sorge das Fest zu versäumen,
und daß die Geschenke nicht groß genug sind.
Anstatt nur mal so in den Tag reinzuträumen,
und hoffen auf Frieden durch das himmlische
Kind.

****

Puuuhh……

Norbert steht vor seinem Auto, und wischt sich mit der Rechten den Schweiß von der Stirn, der gar nicht da ist. Das wäre geschafft – endlich hat er Feierabend. Die Versicherungsabschlüsse sind in trockenen Tüchern. Das Ehepaar Möller hatte sich als verdammt harte Kundennuß erwiesen, und ihm so manches Zugeständnis abgepresst. Aber ohne den Abschluß….. er kann nur mit frösteln an das ständig größer werdende Loch in ihrem Haushalt denken.
Er brauchte unbedingt den Vertrag. Das hatte Möller, das ausgefuchste Schlitzohr, natürlich gespürt – und schamlos ausgenutzt. Obwohl er ihn schon sein Leben lang kennt. Der alte Möller hatte nämlich mit Norberts Vater die gleiche Schulbank gedrückt.
Norbert lässt den Deckel seiner alten Taschenuhr aufspringen. Die Zeiger über dem Emaillezifferblatt kriechen schon auf Mitternacht zu. Im Büro ziehen die Kollegen ihn schon mal auf wegen des billigen „Nickeldings" – so wie erst letzte Woche die Sekretärin vom Chef belustigt seine Uhr bezeichnete, als er das Federwerk - mit der übergroßen Krone daran - aufzog. Norbert kann sich nicht davon trennen. Jedesmal, wenn

seine Finger das abgegriffene Gehäuse berühren, meint er die Hand seines Großvaters zu spüren. Die alte, schwielige, kraftlos gewordene Hand, die ihm die Uhr gab, bevor das Leben sich aus ihr davonmachte. Elf Jahre alt war er, als Opa starb. Damals meinte er, mit ihm ein Stück seines Lebens verloren zu haben.
Oh Gott, wie die Zeit vergangen ist. Fast zwanzig Jahre sind schon darüber hingezogen.
Norbert reißt sich mit einem Ruck von seinen Erinnerungen los. Er muß sehen, daß er nach Hause kommt. Dreißig Kilometer kurvenreiche Landstrasse sind es bis in die warme Wohnung. Der Wetterfrosch im Radio hat Strassenglätte vorausgequakt, und die Winterreifen stehen noch in der Werkstatt. Ohne Moos nix los – hatte der Monteur letzte Woche süffisant zu ihm gesagt. Auch darum war für ihn der Abschluß heute Abend so wichtig gewesen.
Das erste Mal nach langen Jahren liegen drei freie Tage vor ihm – vor ihm und Sabine, die sicher jetzt zu Hause vor Sorge um ihn fast vergeht. Der heilige Abend, und die beiden Weihnachtstage. Süße Freude breitet sich von den Fingerspitzen bis in die Zehen in ihm aus, wenn er an das Kind in Sabines Bauch denkt, das Anfang Januar kommen soll. Wenn er Bienchen zärtlich berührt, kann er fühlen, wie es sich bewegt – er meint das kleine

Herz schlagen zu hören, wenn er sein Ohr auf Binchens Bauch legt.

Mitternacht ist vorüber. Der Heiligabend ist schon vor einer guten Stunde in seine pelzgefütterten Stiefel geschlüpft. Norbert denkt mit bangen an den schmalen Gabentisch, als er in die Auffahrt zu ihrem „Schlößchen" einbiegt. Das „Schlößchen" beansprucht den größten Teil ihrer Einnahmen, weil es nämlich maroder ist, als sie es bei seinem Erwerb gedacht hatten. Sabine hatte die kleine alte Villa gleich nach ihrem Einzug so getauft, weil sich über das Gemäuer den ganzen Sommer über ein leuchtendes Rosenkleid ausbreitet. Von Kind an waren Rosen ihre Lieblingsblumen. Vor der Garage steht ein fremdes Auto. Was ist los? So spät noch Besuch? Warum hat Bienchen ihn nicht angerufen? Siedendheiß fällt es ihm ein – sein Handy hatte er ja abgeschaltet, bevor er bei Möllers klingelte. Norberts Schritte werden schneller – eingehüllt in eine Wolke kalter Nachtluft rennt er die letzten Meter ins Haus. In allen Zimmern ist das Licht eingeschaltet - nur zu sehen ist niemand. Drei Stufen auf einmal nehmend stürmt er die Treppe ins Obergeschoß hinauf. Aus dem Schlafzimmer hört er plötzlich ein gepresstes Stöhnen, vermischt mit Sabines kleinen, spitzen Schreien. Als er die Tür öffnet, fliegt ihm unversehens helles, durchdringendes

Krähen entgegen – und die fröhliche Stimme der Hebamme: Herzlichen Glückwunsch, Herr Schneider – sie haben soeben ein Christkind bekommen! Ihr Sohn konnte die Zeit nicht mehr abwarten – er wollte partout schon dieses Jahr mit ihnen das Christfest feiern. Ich wünsche euch dreien fröhliche Weihnachten"

****

Sternstünn'ns ...

Up de Welt koamen bün ikk to een Tied, as dat in Düütschland noch man bannich düster wee. Twee Doach vöör Hillichoabend Nägenteinhunnerdveerunveertich.

Mi hett man dör een Kaiserschnää an d' Lücht van de Welt hoalt. Ikk wee sowat van schier un glatt – dat kann sükk hoast nümms vörstelln.

As wull de leev Gott dat ok noch besünners rutstelln, har he mi verafftich all laang schwaart Hoar mitgääven.

Dat geböör in een heel düstern Tied ähm vöör Winachen. In een katolsch Krankenhuus mirden in dat evangeelsch Noorddüütschland. In dit Sükenhuus geev dat blossich Ordenssüstern. Disse

Nonnen, de man vandoach so geern as schwaart beteekend, de ween domoals - in de gräsige Kreechstied - helle Luchtgestalten.
See weesen witte Engels kann man wiers särgen. See hevvt Hillichoabend veerunveertich versöcht, de Süken, de Halfdoden un de Hoapnungslosen in dat groote Elend een bäten Gloven trüch to gääven. See sünd in de hillige Nacht bi Sirenengehuul un Fleegeralaarm mit de hollten Krüpp ut de Winachsgeschicht van Bäed to Bäed trukken. See hevvt dat doan, üm de Minschen in hör Nod een bietji to höögen.
See wullen de Kreech för twee Stünns vergääten moaken.
Um dat Wunner van Winachen een lääviged Gesicht to gääven, hevvt see mi in de Krüpp lächt. Ikk schall so blied utkääken hemm'n, dat de meesten een spierke Freud mit noa Winachen rinnoamen hevvt.
Een lütten Sett loater wee de Höäl van dat duusendjöärich Riek to Ennen.
De Minschen mussen ut dat deepe Lokk, in dat see seeten, rutkruupen. Wäär up de Böähn hoch wor aal Minschen tohop lääven.
Alleen mien Voader - de wull nich mehr krupen.
He wee mit Schwindsük ut d' Kriech koamen, un is dor tweeunfüfftich an dodblääven.

So muß us Moder dorför sörgen, kruupen un klautern dat us Famili wär hochkeem.

Ikk as lütten Hüdel wee denn överall mit bi. Wenn ikk vandoach so bi langskiek - an de Joahren, in de de Tied sinnich so een bäten hellerder wur - weet ikk, dat mi mennichmoal sowat tofallen is, as de Minschen veerunveertich in dat Bunkerkrankenhuus.

Ikk kann an disse Momanken mi besinnen as wenn dat güstern wee.

So, wenn wi de heele Dach in Ossfreesland ünnerwäägens ween. Mit Moders oled Rad. See seet up d' Soadel van nhör Peddmansülven un ikk hukel in d' Körf vörn vöör d' Stüür. Bi Wind un Wäer.

Up de Hentuur noa Ossfreesland foahr Moder stilkens öwer Jewer. Bi Gembler in Moorwarfen wur de eerste Tee un Schlukk ovläävert.

Wat Moder dorför van Koopmann Gembler kreech, dat weet ikk nich mehr - oaber wat ikk kreech, dat spöör ikk vandoach noch in d' Kusen.

Tweemoal in d' Wääk Boischies to kriegen – un dat all mörgens een grooten Spitztut vull - dat vergett man denn sien Läävdach nich mehr.

Överall wor wi in Ossfreesland henkeemen - un dat ween een büld Hüüs kann ikk jo särgen – dor full een bäten wat för mi ov.

Man kunn mi dat domoals all good ansehn - ikk har van lütt ov an een nüdeligen Spekkbuuk. Dat hett mien Tant Tilly in Tettens – wat Schnieder Tammen sien Froo wee - tominnst jümmer sächt.

Bi Tant Leni in Bernuthsfeld düür us stillholln de meist Tied een bäten langer. Äten un Drinken föör Moder un mi stunn all up d' Toafel proat wenn wi van d' Schossee in de Sandpadd noa Heinens Landstää rindreiden. Liekers, wat för een Tied dat ok wee.

Unkel Gustav sörch dorför, dat ikk ok genooch van de beste Wurst un Schinken kreech.

In sien Boantje wee he Schlachter, un wenn he mi seech, denn lüchten siene Oogen.

Tant Leni hett moal sächt: Wenn Gustav di sücht, denn hööcht he sükk mehr, as wenn he sükk een moi Schlachtschwien ankikkt.

Dat wee all een ganz besünnern Tied - domoals.

Eenziech bi mien Omoa - dor geev dat niks.
Mien Moders Moder wee so grannich - de is bi een vullen Spieskoamer verschmacht. See wull ok nümms bi sükk hemmen - aal de bi hör in d' Huus keemen, de wullen hör blossich beklaun. Dat meen see nich blods, dat de see ok an jeden särgen.
Oma wee de groote Utnoahm.
Wor ikk anners ok henkeem - överall hevvt de Minschen mi wat bäters weeten loaten.

Bi Djuren to'n Bispill - in d' Bernuthsfelder Hoff, tägenover van d' Meerhusener Buschk – dor stunn för mi all jümmers Brause up Tresen. Well hett as Kind in de Tied all Brause kräägen?
Foaken hett Moder mi ok een poar Stünn'ns bi Müllers an d' Schossee noa Willmsfeld loaten. See kunn denn woll oahn mi wat flinker dör d' Moor koamen. För mi wee dat liekers Pleesär.
Ikk kunn denn rieden un aal dat doon, wor ikk Lüst up har.
As Renko sien Patzmann - sotosärgen. Renko wee de Buur.
Oal Tant Müller mook mi to d' Teetied jümmers Kaukau – "Schokolade" sää see vörnähm dorto. Vörnähm wee dat Gedränks oaber ok. Ut heel schwaart Kaukaupulver un Melk, de noch waarm wee van d' Koo, een büld Melis dor ünnermengselt un boaben up een grooten Schöät Room. Ji köänt jo joa wiers denken, dat mi dat hööcht hett - un hulpen hett mi dat ok.
Wenn mi dat vandoach so dör de Kopp geit, denn denk ikk mennichmoal, dat wee as wenn mi een Engel över d' Haart strullert hett.
Bi Koopmann Juilfs stook mi de Mamsell jedesmoal stiikum Kringels to - för ünnerwäägens. Uphollen to gnaueln kunn ikk eers, wenn ikk de Kringels aal vertimmert har.

Noa elker Dach in Ossfreesland mussen wi joa oabends wäär noa Huus andoal. Över Tettens, Waddwarden un Hooksiel gung de Tuur denn Hooksiel muß Moder mitnähmen, wenn see in Ossfreesland hör Tee un Schlukk nich aal intuuscht har.

Bakker Ulfers up d' Siel kreech dat wat dor överblääven wee - dorför geev dat denn Bakkereewoaren. Wenn ikk spitzkreech dat Hooksiel vöörut leech, denn har ikk tomoal een richtich heeten Mors, un kunn in mien Körf nich mehr still sitten.

Ji froacht noa de Bewennt? Dat will ikk jo särgen - de Bewennt dat wee een Ennen van een waarmen Krintstuut, de Bakker Ulfers - wi ween man neddegroad in de Dör - eenfach irgendwons ovbrook un mi in d' Füüsten geev.

Dat kunn noch so düster wääsen - un noch so'n stäävigen Wind weihen - in disse Oogenblikk schien för mi de Süenn - un see seet woll mirden in Bakker Ulfers sien Haart.

Joa - dat hett een heel Büld Sternstünn'ns in mien lütji Lääven gääven. Ikk hevv dat - glööv ikk - son bäten as mien Weirook, Gold un Myrre ankäken, denn veerunveertich to Winachen kunnen de hillich dree Könichs joa nich to mi an de Krüpp koamen.

De Sternschnupp - dat hellste Lucht - hevv ikk mirden de füfftiger Joahrn sehn. Dat wee mien Tied bi Hein Vieth.

Hein Vieth wee Melkmann - mit Peer un Woagen van Huus to Huus Melk verkopen. Een richtigen Koopmannsloaden har he ok bi us an d' Ekk.

Tja - Hein Vieth dat wee dör Gotts Föögen de Schweegervoader van mien Süster Tilly wurn. Wat wee dat een Glükk för mi.

Moder gung joa nich mehr schwaarthanneln un hamstern - dat wee in achunveertich - noa de Währungsreförm joa nu vöörbi.

See seet Dach för Dach in d' Uniformwaark an d' Neimaschin - för de Tommisuldoaten Kleedoasch tosoamen gallern. Mien Voader wee dod blääven - mien Süsters un Broers all ut d' Huus - so wee ikk denn alleen.

Schlöädelkind - dor geev dat joa een Hüpen van.

Oabers rümstrieken, un nich weeten wat mit de Tied antofangen - dor hett mi de leev Gott för bewoahrt.

Ikk gung, wenn de School to Ennen wee - noa Hein Vieth in sien Klüterloaden to helpen. To doon geev dat dor stilkens wat.

Wat verköfft wur, dat wee joa meist noch Sakkwoar. Well dat nich beläävt hett, de kann sükk dat hoast nich vöörstellen. In Tuten tomoaken bün ikk domoals Weltmeister wurn – dat kann vandoach ok nümms mehr goaelk.

In Unnerbarch „mundfertich" moaken har ikk ok een Schlach wäch. Dor muß ikk näämich middachs un oabends een lütji Kist van proat stellen.

Wenn Hein Vieth sükk tüschenin gau een näähmen muß, denn bruks he dor nich so laang mit rümtütern.

Unnerbarch schall man joa elker Dach twee van drinken - dit twee dorvan drinken, dat hett he woll up sien eegen Oart utlächt.

Anmaarkt hett man hüm dat nie - blods sien Lääver, de hett dat woll aal upschrääven. As see hör Moat vull har, hett see sükk eenfak ovstäelt.

Bi eenunzsäßtich is sien Klokk denn stoan blääven.

Wat he in disse eenunzsäßtich Joahrn doan hett, is villicht nich aal lieklang de schrääven Paroagrofen wäst - man, wat he mi goods doan hett - dorvöör sitt he nu mit sien Mors in d' Paradeis.

Elker oabend muß ikk eers mitääten bevöör ikk noa Huus to steuster - un wat dor aal up d' Disch keem - ikk hevv dat mennichmoal nich foaten kunnt.

De Minschen, mit de ikk dat in mien lüütji Lääven to doon har, de hevvt sowat wiers nich to sehn kräägen.

Wenn ikk noa d' Äten mit vullen Pans Fieroabend mook, denn wee ikk joa ok noch bepakkt van aal Sieden.
Mit all'ns wat Moder un ikk ton Läven bruksen. Ikk hevv woll ni nich een Penning in d' Hand krägen - oaber de Naturalien moken mehr ut as een Hopen Mannslüü domoals verdeent hevvt.
So hevv ikk in mien Kinnerjoahren Sterns to sehn kräägen, de för anner Minschen nich to sehn ween.

****
Stille Welt . . .

Es fällt in großen weißen Flocken
Stille sachte auf die Welt
der Winter will noch mal frohlocken
Frühling gespannt den Atem hält

Die Ruhe mit den Ohren fühlen
Schneeflocken wirbeln dicht an dicht
wenn sie die heißen Wangen kühlen
glitzerndhell wie Himmelslicht

Häuser tragen weiße Mützen
wie in Watte eingepackt
des Schobers altersschwache Stützen
sehen aus wie frisch gelackt

An den Rändern auf den Wiesen
baut der Wind 'ne Dünenwelt
Bäume sehen aus wie Riesen
in ein Märchenland gestellt

Der Kirchenglocken Nachtgeläute
klingt nur ganz sacht - wie von weit her
als wenn der Engel Schar sich freute
des Friedens über Land und Meer

****

Warmes Licht

Weihnachten ist warmes Licht
dann ist die Welt voll Liebe
Weihnachten dann schimpft man nicht
dann gibt's auch keine Hiebe

Weihnachten ist die Freude groß
dann wird gesungen und gelacht
Weihnachten dann ist was los
dann wird so manches gutgemacht

Weihnachten ist voll Erleben
wenn uns des Engels Flügel streicht
Weihnachten dann soll erbeben
ein Herz aus Stein - das Er erweicht

Doch warum muß es Weihnacht sein
für warmes Licht und Liebe
jeder Tag wär' hell und fein
wenn nur die Freude bliebe

****

Wat hett dat woll to bedüüden . . .

Irgendwat is verdreit in de Welt.
Minschlichkeit – froacht di een
wat is denn dat?
Dat is doch 'n Begreep ut urolle Tieden -
ikk keän blods een Word – dat heet Geld.
Wat anners kann d'
doch vandoach nich mehr lieden.
Kiek di moal Winachen an -
dat is ok so'ne Soa.
Wee fröer moal wat mit Gefööl – un so,
dat kann di bold nümms mehr vertelln.
Nu is dat een reinet Geschäftengedoo -
un jedeneen is över to wenich an schelln.
Freud över 'n Stükk Kook
ov een frünnelked Word,
dat kanns d' nich mehr verwachten -
dat is wat van de besünnere Szort,
de meesten doon dat verachten.
Dorbi is een leeven Blikk
mehr weert as duusend Geschenken -

kiek moal een spierke noa achtern torüch,
denn machst dor woll moal an denken

****

Weihnachten kann auch anders sein -
nicht unbedingt ein Fest der Liebe.
Man tritt sich hart vors Schienenbein,
und verteilt kräftige Seitenhiebe.
Man haut sich verbal auf die Rübe,
wühlt flott in schmutz'ger Wäsche rum -
zeigt ein Gesicht das nur noch trübe,
nimmt jedes Wort gleich doppelt krumm.
Erdolcht den anderen mit Blicken
die scharf sind wie ein Schlachtermesser -
stößt sie ihm bis in den Rücken,
und glaubt dadurch würd' alles besser.
Doch nichts bewegt sich im Verständnis,
es bleibt so kalt wie blaues Eis -
was wächst ist höchstens die Erkenntnis
das Verhältnis ist ein Haufen Scheiß.
Was macht man nun mit diesem Kot?
Packt man ihn in die Tiefkühltruhe,
oder schlägt damit den andern tot?
Dann hätt' man endlich seine Ruhe

****

Weihnachtsabend...

Schneeflocken taumeln durch die Lüfte,

als wüßten sie nicht recht wohin.
Jedes Haus ist voller Düfte –
sie kitzeln uns in Bauch und Sinn.
Die Großen tun geheimnisvoll,
als hüteten sie heil'ge Schätze.
Kinderaugen leuchten toll –
es zittern kleine Hosenmätze.
Wenn dann die Weihnachtsglocke klingelt –
die Tür geht auf zum Himmelreich,
sieht man die kleinen Menschen strahlen –
der Grossen Augen blinken weich.
Es ist als fliegt ein Engel
dann durch den stillen Raum –
und wer von Ihm berührt wird,
sieht Ihn am Weihnachtsbaum.

Weihnachtskultur ...

Nach allem, was wir aus der Geschichte wissen, wollte der Schöpfer von Weihnachten seine Idee zum Megafest des Friedens werden lassen. Irgendwie scheint aber bei der permanenten Wiederholung der Umsetzung dieser Idee dauernd etwas gründlich in die Hose zu gehen.

Der Oktober hat noch gar nicht seine Kopfbedeckung zur Begrüßung gelüftet, dann marschieren schon die Vorausabteilungen des Dezemberspektakels durch die Regale der Einkaufsparadiese. Es hat dann bis Weihnachten schon soviel geweihnachtet, daß viele das Fest gar nicht mehr erkennen, wenn es denn da ist, weil man es völlig plattgetrampelt hat. Entweder rennen sie dann am Ziel vorbei, oder sie laufen davor weg. Wer es trotzdem noch erkennt, der schmückt zuhause am Tage X die Berge von unnützem Zeugs, das er in guter Absicht herangeschleppt, hat mit Lametta, Kugeln und bunten Lichtern. Danach stopft er sich bis zum Stehkragen mit Speisen voll, die er sonst im ganzen Jahr nur im vorübergehen wahrnimmt.

Trällert, singt oder brummt anschließend gegen das Völlegefühl noch ein paar bekannte oder weniger bekannte weihnachtliche Töne, und ist froh, wenn dann nach drei Tagen endlich die Müllabfuhr kommt, und die Spuren der dreimonatigen Treibjagd, auf ein Wild das es so gar nicht gibt, beseitigt. All das ist ja nicht von Übel, denn in absehbarer Zeit heißt ja schon wieder aufs Neue, es weihnachtet sehr.

****

Weihnachtswunder ...

Weihnachten naht mit Riesenschritten
überall es festlich blinkt
Knecht Ruprecht saust mit seinem Schlitten
den Kindern manche Freud' er bringt

Es strahlen Herzen voller Wärme
Gesichter sehen glücklich aus
die eine Nacht verstummt Gelärme
das Christkind schwebt von Haus zu Haus

Wo es off'ne Türen findet

den Weihnachtsbaum im Lichterglanz
wo Glaube noch die Liebe bindet
da legt es ab den Myrtenkranz

Drum hofft - das Wunder mag geschehen
das euch beschert des Christkinds Zeichen
dann könnt ihr durch die Seelen sehen
alle Schwernis wird dann von euch weichen

****

Winachen . . .

Winachen wee nich blods in Huus -
nää - Winachten wee ok stiäl up een annern Stäe
bi Oma un Opa – un jümmers wäär nee
Winachenmörgen muß man eers schnüstern
wat Winachsmann brocht har - so mirden in düstern
dat meest wat wi kreegen wee wat antotrekken
us Öllern mussen sükk bannich rekken
Speeltüchs - dat wee ok woll dor
dat wee man meest een Holltpeerd ov een Pupp
van verleeden Joahr
wat hevvt wi us hööcht - mit dit un mit dat
wat hevvt wi äten - wat ween wi moi satt
schnoamiddachs gung d' noa Oma un Opa andoal
dor geev dat „Bescherung" - ton tweeden moal
un wäär wee rejell wat to schlikkern dorbi

wat wee mi noas schlecht - un dat nich blods mi
verglikks dat mit vandoach - so wee dat meist wenich
man wi ween tofrää - ok mit een Pennich

****

Winachswunner

Winachen kummt mit groode Trää
överall dat festlich blinkt
Knecht Ruprecht suust mit siene Schlää
Kinners nä - wat Freud he bringt

All de Harten sünd vull Waarmte
blied seegen de Gesichten ut
in disse Nacht givt d' keen Gelaarmte
de Herrgott lett de Engels rut

Well nu oapen Dören hett
un een Winachsboom mit Keersen stollt
de Engel dor sien Teeken lett
wor Globen noch de Leevte hollt

****

Schnee in d' Lücht un Iis an d' Grund -

de Winachtskeerl sien rode Nöäs

de moakt dat Winachten eers bunt.

Hett in sien Boart Iiskrüllers hangen,

hett Jank up düchtich heeten Grog -

deit tüschenin noa d' Buddel langen

un hett dat dorbi düchdich Drokk.

Sien Peerd

dat word all schwaart föör Hitt,

dat dampt as een Kanonenoaben -

nix is mehr to sehn van Witt,

as dat he losfoahrn is dor boaben.

****

Schokkelpeerd un Iserboahn,

de har ikk doch to geern.

Dat schriev ikk an de Winachtsmann -

ok wenn ikk blods een lütte Deern.

Ut Puppkers moak ikk mi rein nix,

ikk droach veel leever Büxen -

mien Opa sächt allmoal to mi,

du warst 'n heelen Fixen.

He timmert näämich bi de Peer

de Iisen an de Footen -

noa d' School goa ikk bi hum in d' Läär –

wur Schmitt, een heelen Grooten.

Doch eers noch speel ikk Iiserboahn

un schokkel up mien Peerd –

wenn mi denn de Winachtsmann

dat Hillichoabend beschert.

****

Rüükst Du nich de Schnee in d' Lücht –
süchst nich de Engel, de dor flücht –
hörst nich de Wihnachskeerl saacht leustern,
bi sien dör dat Düster steustern?
Schnüsterst Du nich all sied Doagen –
un troost Di nich, moal noatofrogen
ov bi de Wihnachsschenkeree
een Dreerad is – villicht heel nee …
Een Schokkelpeerd, dat weets Du all,
steit in Sünnercloas sien Holltpeerstall –
un Moder is stiäel an verstääken
wat Du so krist to antotrekken.
Een Iiserboahn ut schwaarted Blikk
de moakt denn vull Dien Kinnerglükk –
un föör Dien lütji Lekkerschnut
givt dat noch sööten Wihnachtsstuut.

****

Tannenbäume schneebefrachtet
Sternenblinkern überm Wald
der Engel Schar die Welt betrachtet
die vor ihnen liegt - so weiß und kalt
der Oberengel möchte' es ändern
und sinnt auf eine neue List
er schmückt die Bäume bunt mit Bändern
und sagt, dass Weihnacht' angekommen ist
und plötzlich tun die Christen so
mit heuchlerisch erfreuten Mienen
als wären sie darüber froh
dass der Heiland ist erschienen
doch kaum hat er sich hingewendet
um auch die andern zu beschenken
da ist das Freudigsein beendet
und vorbei das Friedendenken

****

Torüch un noa Vöörut ...

De Fierdoagen van Winachten, Olljoahrsoabend un Neejoahrsdach sünd nu siet een poar Doagen allwäär Güstern.

De Tied tüschen de Tieden is joa jümmers sowat as een lütten Leechte in de hümpelige un ok foaken strumpelige Tiedenloop van Iismoand Een över de Vöörjoahrs un de Sömmertied bit hen to Iismoand Twalf un denn de näächste Leechte in de Tied. Ikk froach mi blossich, wat de Minschkes in de Tied, in de hör Geweeten keen puusbakkich Engelsklöär un keen sieden Flöägels anhett, mit de Tied, de hör alltied schunken ward, beschikken.

See suusen dör dat Lääven, see verneelen de Welt, sünd an d' Ennen denn allerwons wääsen, see hevvt een büld Löägens vertellt un sünd denn upletzd blods noch an grääsen.Dat geit üm d' Regeeren, dat geit üm d' besetten van Amten un Stäen, dat geit üm dat kapern van Positschonen,

in de sükk dat Bedreegen deit lohnen. Moal Tied föör de Anner föör tohörn un schnakken – de steit nich up d' Brett, de deit joa keen Doalers in de eegen Büdel denn pakken.

Man gallert stilkens up de groode Trummel, man tutert in de letzde Hörn, man kledd sükk in de düürste Fummel, spillt elker Joahr dat Spill van vörn. Kunn dat denn nich moal anners weesen – moal een bietji weltgerecht, denn kunn de Welt doch moal genesen ... und dat, dat wee doch ok nich schlecht.

Winachen moal anners

Ohgottinää – wat wee vör d' Joahr blods mit de Tied los. De veer Keersen an de grööne Kranz in de Deel ween all sied dree Doagen utgoahn. Vandoach wee Hillichoabend, un de Winachsboom drüsel buten vöör de Döör noch oahn Behangsel vöör sükk hen. Oma Betty har noch soveel up d' Brett, wat see aal beschikken muß – see keem nich dorto, de Winachsboom sien sülvern Kleed antotrekken.

Opa Tullum har in de letzde Doagen vöör d' Fest noch sovöäl an de Hakken – van de Kant bruks see up keen Hülp to rääken. De Vöörmiddach wee as een Suus in de Tied noa achtern lopen. De Winachsboom stunn schmiddachs noch netso gröön as schmörgens buten vöör de Döör. Noa d' Äten mussen see sükk up de Padd moaken. In de Residenz, noa Ollnbörch, üm mit een Part van de Kinner un Enkels Bescherung to fieren. Üm Middennacht gungen see denn aal mitnanner in de Kaark. An dissen Oabend mussen see jümmers so'n spierke mit de Engels prooten.

Un de Winachsboom stunn to Huus buten vöör de Döör.

Dor stunn he ok noch an Winachenmörgen. Opa Tullum har ok an disse Dach noch wat wichtichs to beschikken. He muß för de Wihnachsmann as

Hülpskeerl in d' Noaberdörp in een Waisenhuus - un Oma Betty har dat in d' Kneen. Dat leidige Rheumatismich – ov wu dat heet – quäl hör düchdich.
Un de Winachsboom stunn jümmers noch buten vöör de Döör.
Un nich blods de – in een poar Stünn'ns stunnen de Enkels ut de Noaberschkupp ok vöör de Huusdöör, üm bi Oma un Opa Geschenken ünner d' Winachsboom to finnen.
Oma Betty har all trillern in d' Haart – in de hoast szäßtich Joahrn, de see mit Tullum verhieroad wee, har dat sowat noch nich gääven. Wu schull dat goahn.
Tja, un denn gung dat. As wenn en Wiesfinger van boaben hör dat inschüünt har. De Winachsboom van de Terasse mang sien Pott in d' Tuun trüllern, un dor mirdenmang in dat Rundum to setten, wee een Waark för Oma Betty. See wee dorbi rein in Schweet koamen.
Dor stunn he nu in sien grööned Ünnertüüchs un kies leddich in de Winachsdach.
Dat düür oaber nich laang. Oma Betty wee man jüüst wär binnen, dor fung dat sinnich an to schneen. Un tomoal har de Wihnachsboom een moied witted Kleed an. Betty muß sükk rein een bietji verpusten, un dat Bild bekieken, as dat ok all an de Huusdöör pingel. De Enkels stoven as een

117

Wulkje noa binnen – up de Stää doal, an de anners de Winachsboom mit de Geschenken stunn.
Oma.... Omaaaa, wo ist der Weihnachtsbaum? Groode Froachteekens kunn man in de Kinneroogen sehn.
Oma Betty schlooch de Hannen över d' Kopp tosoamen: Ich hab doch gestern abend vergessen, die Tür offen zu lassen. Oaber luustert man ähm noa buten – das Christkind hat den Weihnachtsbaum auf die Wiese gestellt, und ihn mit lauter Schneesternchen geschmückt.
In disse Momang wee hör dat, as wenn see sülven noch ni nich een moieren Winachsboom sehn har.
Und die Geschenke, Oma …? Groode blenkernde Kinneroogen keeken verwachtend üm sükk to. De Geschenken, de har de Winachsmann in de Nacht säker in een grooten Hoafersakk buten an de Waschlienen uphangen.

Winachen butendieks ...

Ok wenn de istern Keerl mit de griese Boart, de sükk Winter nöömt, allmoal mit griemieterk Oogen över de Dieken an de Joade luurt hett, foahrt Birgit – nu woll wat warmer antrukken as an Sömmerdach, mit hör Knipskist ünner d' Jakk in schuul – noch geern mit hör Fiets van d' Willemshoabener Süderstrand de Buterdiekspadd bit to de soalterken Penner vöör Mariensiel hoch.

Up disse Tuuren kann see figelinsch kukoluuren wu dat mit de Voagels in d' Watt ovgeit. Nargends anners is hör dat ut disse Nööchte vergünnt.

De Kormoran up sien Sörgenpoal in d' Nassauhoaben is hör een olen Bekennden, wenn he sien Flöägels ton dröögen an de Lücht breetmoakt.

Netso is dat mit de Eideroanten up de ovfallend Steenkant tüschen Gröönte un Schliek, ov dat Rummel Steendreiers, de de scheefe Boahn so biersich up un doal tippeln as wenn see up Röä leepen.

Sülvst de Schoapen boaben up de Diekskron doon netso as wenn see de Fietsmamsell kennden, de jümmers denn stillhollt, wenn see de griese Reiher, Brandgoosen ov

Roabenkreien un anner Voagelvolk mit hör Knipskist to foaten kriegen kann. To Huus in de Waarmte kann see sükk denn in Ruh över de Biller höögen.

In hör Olldachsboantji hett Birgit in d' Schwemmbad mit Minschen to doon. See hett een Ooch doarup, dat dor nümms ovdrinkt, ov ok woll keeneen Dummtüüchs moakt. Dat deit see geern, doch foaken is dat ok een striepelich un stuur Brod.

Hier buten an d' Diek is dat anners ... veel lichter. In disse Momanken dröfft see see sülvst weesen un kann sükk höögen över de Emmas, wenn de sükk van d' Wind droagen un drieven loaten.

Nu, wor de Sömmer vergoahn is, nu wor de Stiem anners weiht – nu föölt see sükk kompleet un woll. Allens löpt sinniger un mit mehr Bedenken – as wenn de Tied tomoal mehr Tied hett.

An d' Schlootskant steit, oahn sükk to röögen, een grooten Brachvoagel. As Oamen weiht sein „Talüü" över dat düsterblengerige Watt dorhen.

Birgit hööcht sükk all up Hillichoabend. See hoapt, dat dat Wäär wär so is an an letzt'd Winachen – as see son spierke de Nöächte van us Heergott un sien Waark söächt hett.

Hör we doch verrafftich in d' Sinn schoaten ton Gottsdennst in de nächste Kaark to goahn. Ovwoll see in hör Olldach eder twee Trää ovkant de Kaarken steit.

See har sükk eenfach up de Padd moakt un dorbi gannich spitzkräägen, dat see de roode Tichelsteenboo mit dat Krüüz up de Toorn all achterut loaten har.
Dat schoot hör eerst in, as see vöörrut dat Lucht van d' Arngaster Füürtoorn seech.
De Moand hung as een sülvern Schiev an d' Hääven un lücht wiet över d' Watt. He dük aal dat Lääven, wat sükk dor rööchte, in een weeked Häävenslucht.
As see denn ok noch de Seehund seech, de achtern in d' Priel neeschierich ut dat kabbelige Woater gluum, dor har see up Schlach een Denken an Bethlehem un de Krüpp in de Schüür vöör over tweedusend Joahren in d' Haart.

De Winachssteern ...

Wat is dor boben för'n Stern to sehn -
steit dor in düster Nacht.
Sien Lucht dat is so wunnerschön,
as wenn een Engel freudich lacht

Ümto de Häven is as Ink,
dat Weltall hollt de Oahmluft an -
de Stern dat is een Herrgottsding,
schleit Old un Jung in sienen Bann.

Is denn sowiet dat Winacht is,
de hillich Nacht is dor -
kummt to us aal de hillich Christ,
is dat nich wunnerboar.

Winter 1947/48

Bi Ulfers an de Bakkstuuvschieven
drükkt sükk een jung de Nöäs rein platt
he luurt nich up d' Gespensterdrieven
in d' Ooch sitt hüm dat Krinthenfatt

Tomoal kummt dor een Aarm van achtern
mit een Stükk lekker söten Stuut
he deit nu glieks noa Huus to jachtern
un schlikkt sükk üm sien Zukkerschnuut

So sett de Bakker bunte Blömen
in mennich lüütji Kinnerhaart
un de hevvt denn ok wat to dröömen
hör Welt is nich mehr heel so schwaart

Inhaltsverzeichnis:

Das Weihnachtsfest steht vor der Tür	5
Weihnachtsmarkt mit Glühweintrinken	7
Es ist so geschehen	8
Weihnacht am See	9
Den Weihnachtsmann verpasst	10
Des Weihnachtsmannes Weihnachtsfreud	14
Eine schöne Bescherung	17
Aal sünd s' tofrää	20
As dat so is	21
Bald ist er da	22
Bold is d' sowiet	23
Dat Geschenk	24
Dat Geschenk	26
De Engelstied	27
De Speegel	30
De tweede Winachsdach	34
DeWinachsklokken	37
Der Spiegel	38
Der verzweifelte Weihnachtsmann	43
Die zweitschönste Zeit des Jahres	44
Diederk	45
Een anner Winachen	48

Een Froach blods	50
Een heel besünner Winachen	51
Een sünnerboaren Tied	54
Een Winachsgeschicht.	55
Ein anderes Weihnachten	57
Eine Weihnachtsgeschichte	60
Engelsvisit	61
Engelsbesuch	62
Der Liebesengel	63
Der rettende Engel	64
Engel	65
Es weihnachtet sehr	66
Goode Vöörsatzen	67
Was mag wohl drin sein in den Päckchen	68
Äpfel mit knallroten Bäckchen	69
Weihnacht in Deutschland.	70
Gold'ne Kugeln, rote Kerzen	71
Goos moal anners	72
Heiligabend	75
Hillichoabend	79
Jahreswende	84
Kiek moal noa boaben	85
Man much dat woll weeten	86
Noa Winachen	87
Nu is d' nich mehr laang hen	88
Weihnachten – so fragt mich …	89

Puuuhh	90
Sternstünn'ns	93
Stille Welt	101
Warmes Licht	102
Wat hett dat woll to bedüüden	103
Weihnachten kann auch anders sein	104
Weihnachtsabend	105
Weihnachtskultur	106
Weihnachtswunder	107
Winachen	108
Winachswunner	109
Schnee in d' Lücht un Iis	111
Schokkelpeerd un Iserboahn	112
Rüükst Du nich de Schnee	113
Tannenbäume schneebefrachtet	114
Torüch un noa Vöörut	115
Winachen moal anners	116
Winachen butendieks	120
De Winachsstern	123
Winter 1947/48	124
Inhaltsverzeichnis	125